JN438433

나·비·섬

최선욱 수필집

나·비·섬

수필과비평사

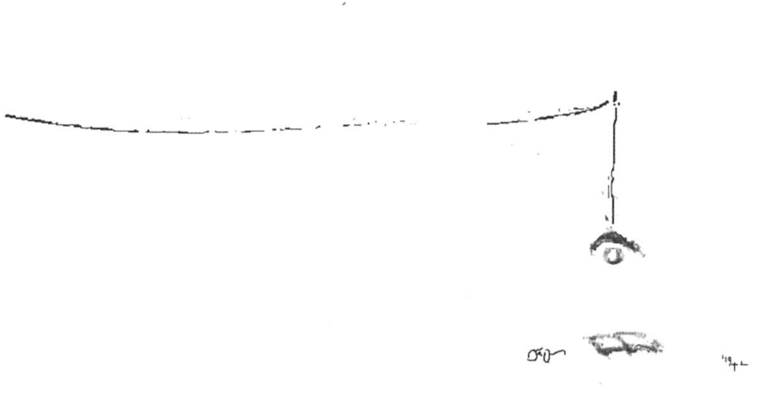

■ 작가의 말

수필은 자기의 맨살을 드러내 보이는 부끄러움의 문학입니다. 퇴임 무렵에, 살아온 날들을 뒤돌아본다는 의미로 첫 수필집 『거꾸로 가는 시간 속에서』(2015년)를 출간한 바 있습니다. 등단한 지 1년 만에 첫선을 보인 무녀리 미숙아를 낳을 때의 부끄러움을 잊고 또 6년 만에 두 번째 수필집을 냅니다. 거의가 이미 지상에 실렸던 글입니다. 한곳에 정리해 둘 요량으로 다시 손질해 묶었습니다만 손댈 곳이 많아서 더욱 부끄러웠습니다.

저에게 수필은 느지막이 만난 애인입니다. 애인은 자나깨나 머릿속에서 삽니다. 불현듯 사로잡힌 한 단어에서, 평범한 일상 속에서 또는 특별한 경험에서 때때로 가슴을 울리는 세미한 소리를 듣습니다. 이 소리들이 아우성이 될 때까지 혼돈 속에서 탄생할 애인을 기다립니다. 아직은 헝클어진 부속품에 불과합니다.

소용돌이치는 이 아우성의 정체가 드러날 즈음, 부속품들이 제자리를 잡기 시작합니다. 소재를 주제에 접붙이고, 토막글들을 가로 세로 짜맞추어 글탑의 공간을 채우는 재료로 씁니다. 갈수록 첫사랑 때만큼 글탑 세우는 일에 집중하지 못하고 다른 일에 기웃기웃 해찰하곤 합니다. 아마 글샘이 마른 탓도 있고 수필에 대한 열정이 식은 탓도 있겠지요. 애인과 정분나지 않으려면 이젠 뜨거운 사랑보다는 곰삭은 사랑으로 오래 끌고 가야 할 것 같습니다.

삶에도 만만한 날이 없듯이 글도 쓸수록 어렵다는 걸 깨달아 갑니다. 어차피 다작多作을 못할 능력이라면 '양보다 질을 높이자.'는 다짐을 해봅니다. 이것은 게으름과 미욱함을 덮을 수 있는 그럴듯한 명분이 되니까요.

독자와 진정을 나누고 싶습니다. 독자의 끄덕임을 상상하며 감동적인 글, 혼이 담긴 글을 쓰고 싶습니다. 마음은 원이로되…. 글 쓸 때마다 제 안의 철학이 빈곤함을 느낍니다. 이 허기짐을 채우는 것이 제 글쓰기의 과제입니다.

수필 쓰기, 이 쓸모없고 고단한 작업을 누가 억지로 시킨다고 하겠습니까? 행복한 놀이인 양 글쓰기에 빠져 있는 저를 멀찍이서 바라만 보고 있는 말없는 사나이, 듬직한 남편의 고희古稀 기념으로 이 책을 바치고 싶습니다.

수필과비평사 서정환 사장님, 작품 평을 써주신 유인실 선생님, 아끼시던 작품을 표지화와 본문 그림으로 선뜻 내주신 이경일 선생님, 그리고 이 책이 나오기까지 수고해주신 출판사 모든 분들께 진심으로 감사드립니다.

2021년 늦은 가을에
최선욱

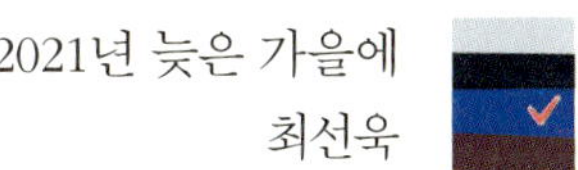

■ 차례

제1부 경계선에 서서

제2부 다락방에 머물던 시간들

제3부 천사의 가면

제4부 격세지감

제5부 나·비·섬

제1부

경계선에 서서

경계선에 서서

등산하기에 안성맞춤인 날씨다. 햇살을 등지고 꽃향기에 취해 망연히 산 중턱쯤 오르고 있는데 갑자기 확성기에서 터져 나온 유행가 가락이 귀를 따갑게 때렸다. 오던 길에 식당 입구에 물건들을 벌여 놓고 손님 맞을 준비를 하고 있던 품바꾼 남녀가 떠올랐다. 바람결 따라 소리가 커졌다 작아졌다 「내 나이가 어때서」 가락이 꽃길을 제멋대로 휘젓고 다녔다. 간간이 들리던 새소리, 물소리, 풀벌레들의 화음도 확성기 소리에 묻혀

들리지 않았다. 잠시나마 사람들의 시비 소리를 멀리하고 싶어 산을 찾은 사람들, 산의 정기와 고요에 잠기고 싶어 자연의 품을 찾아 나선 이들에게 유행가 가락은 그저 소음일 뿐이다. 저 품바꾼이 이런 등산객들의 마음을 조금만 헤아렸더라면 온 산을 들썩일 만큼 볼륨을 높이진 않았을 텐데.

중년과 노년의 경계선상에 나를 세워 본다. 양쪽 어디에 끼여도 환영받지 못할 것 같아 어정쩡하게 서 있다. 희끗희끗한 머리 염색하고 나가도 중년이 보면 놀란 토끼눈으로 대뜸 밀쳐낼 것 같고, 노년이 보면 애송이가 어딜 함부로 끼어드느냐고 눈총 줄 것 같다. 그래도 쫄지 말자며 '내 나이가 어때서' 의연한 척해 본다.

유행가 「내 나이가 어때서」는 왠지 흥겨운 듯 서글프다. 붉게 타오르다 잦아드는 저녁놀빛의 애련함이 느껴진다. 세월을 이길 장사 없다는데 얼마나 늙기 싫으면 "세월아 비켜라" 큰소리쳐대며 "사랑하기 딱 좋은 나이"라고 우기겠는가. 말뚝이가 가면을 쓰고 양반 앞에서 허세 부리듯, 곧 사라질 유행가 가락에나 마음 부쳐 만용 한번 부려본 것이리라. 노래 감상이야 주관대로 할 것이다. 이 노래는 밝고 경쾌한 리듬이 좋아서인지, 가슴에 와닿는 가사 때문인지 중씰한 이들에게 여전히 애창되고 있다.

요즘 이보다 한술 더 뜨는 가요가 「백세인생」이다. 백세 시대에 들어서면서 생에 대한 애착을 풍자한 노래려니, 처음엔 뱃살을 쥐고 웃으며 들었다. 그러나 "저 세상에서 날 데리러 오거든 아직은 젊어서 못 간다고 전하라."는 가사는 자꾸 들을수록 뒷맛이 떨떠름했다. 어쩌면 숨겨진 내 욕망을 들킨 탓일까? 나이들수록 나이를 잊고 싶은데 이런 백세타령조의 노래는 오히려 나이를 더 의식하게 만드는 것 같아 달갑잖다.

"실례지만 몇 년생이시죠?" 단도직입적인 물음에 냉큼 답하지 않으면 이번엔 무슨 띠냐, 몇 학번이냐 묻고 물어 기어이 나이 서열을 확인하려 드는 사람들이 있다. 특히 남자들 사이에 연령대가 어금지금할 때 더욱 예민하게 구는 경향이 있다. 이는 장유유서의 잔재 아래 연장자가 갑이라는 의식이 숨어있기 때문일 것이다. 반면에 여자들은 한 살이라도 연하로 보이길 은근히 바라면서 나이를 드러내지 않으려 한다.

퇴직을 목전에 두고 보니 자꾸만 나이가 의식이 된다. 몇 년 전만 해도 지나치게 나이를 의식하는 선배 옆에 가까이 가기가 꺼려졌는데 어느새 내가 그 위치에 와 있다. 나이를 앞세워 후배들의 기를 누르려는 선배나, 자진해서 뒷방 늙은이로 물러앉아 일찌감치 일손을 탈탈 터는 선배도 대우를 못 받기는 마찬가지다. 나이들수록 유연해지고 포용력이 더 커지는 사람이 있는가 하면, 반대로 융통성 없이 더 옹졸해지며 자기 고집만 앞세우는 사람이 있다. 가늠해 보건대 나는 지금 어느 쪽으로 기울고 있는가?

식사 때가 좀 지나서야 하산했다. 등산복 차림으로 식당에 들어갔다. 시장을 반찬 삼아 맛있게 먹고 있는데 옆 테이블에 앉은 할머니가 식사를 마치고도 자리를 뜨지 않고 계속 우리 쪽을 바라보았다. 눈이 마주치자 누가 묻기라도 한 듯 그냥 우리의 젊음이 부러워서 바라보는 거란다. '아, 내 나이가 부러운 나이구나!' 하긴 『백세를 살다보니』를 펴낸 원로 철학자 김형석 교수는 만약 인생을 되돌릴 수 있다면 60대로 돌아가고 싶다고 말하지 않았던가. 어느 면으로 보면 자식도 출가시키고 별 탈 없이 퇴직을 앞둔 참 홀가분한 위치에 지금 내가 서 있다. 이러한 때 방심은 금물이다. 평생을 다 바쳐 세운 공든 탑을 어느 한순간에 무너뜨리고 나락으로 떨어지는 이들이 얼마나 많은가. 인생의 고개를 넘다 보면 어느 가시에 찔릴지, 어느 돌부리에 걸려 넘어질지 모를 일, 늘 경계심을 풀지 말아야 할 것이다.

몇 년 전에 대둔산 구름다리를 지나 경사진 철제 계단의 중간 지점쯤에 이르렀을 때 갑자기 고소공포증이 엄습해 와 혼난 적이 있다. 그 뒤로 대둔산을 멀리하다가 이번 추석 연휴에 그 후유증이 사라졌는지 시험 삼아 다시 그곳을 찾았다. 몸의 중심을 잡아가며 흔들거리는 구름다리를 무사히 건너자마자 그 악몽의 철제 계단이 급경사로 버틴 채 나를 맞이했다. '쫄지 말자.'를 속으로 연발하며 127개로 된 삼선계단의 첫 칸에 한 발을 올렸다. 하늘도, 땅도, 나무도 안 보기로 했다. 그저 내가 밟은 계단 바로 위층 계단만 바라보기로 했다. '그래, 한 번에 한 칸씩만 올라가면 돼!' 드디어 마지막 칸까지 올라 곳잔등의 땀을 닦은 후 정복의 인증샷을 찍었다. 가슴을 활짝 펴고 해발 600미터가 넘는 산 정상을 바라보았다. 암벽들의 위용에도 아랑곳하지 않고 새파란 하늘엔 구름 몇 점이 유유히 흐르고 있었다.

암 투병 중에도 행복한 미소를 잃지 않고 독자들의 사랑을 받고 있는 이해인 수녀의 시, 「어떤 결심」에 "꼭 하루씩만" "꼭 한 순간씩만" 살자는 결심이 바로 이 마음이었겠지.

쫄지도 말고 서두르지도 말고
오늘 하루, 한순간에 감사하며
한 계단씩 한 계단씩
조심조심 나아가자!

(2016년 11월,『수필과비평』)

흑마늘처럼

손가락 끝이 불그레하더니 화끈화끈 몹시 쓰리다. 맨손으로 마늘씨 까는 일이 만만한 일이 아님을 친정어머니가 돌아가신 뒤에야 알았다. 연년에 다진 마늘은 어머니 손을 거쳐 우리 집 냉동실에 차곡차곡 쌓여 마늘 양념은 걱정할 필요가 없었다. 마늘 농사를 지어 으레 알이 굵고 튼실한 놈은 자식들 몫으로 챙겨두었던 어머니. 허청의 바람 잘 드는 곳에 자식들 숫자만큼씩 마늘단을 줄지어 매달아 놓고 당신은 자잘한 것, 상처난 것만 골라 까느라 손톱 밑이 까매지도록 고부라져 계시던 모습이 눈에 선하다. 매년 김장철이면 바쁜 자식들을 배려해 300포기가 넘는 배추에 들어갈 마늘 양념을 혼자 준비하셨으니 비닐장갑, 고무장갑도 모르시던 어머니의 손끝은 그 얼마나 쓰리고 아리셨을까?

어머니 돌아가신 다음 해, 어머니를 대신해 이모가 마늘 두 단을 보내 주셨다. 한 단은 까서 짓찧어 냉동실에 넣고 나머지는 그대로 베란다 한쪽 구석에 매달아 놓았다. 김장김치가 물릴 즈음에야 걸어 둔 마늘단이 생각났다. 아뿔싸! 만져 보니, 그 꽉 찼던 알맹이는 다 어디 가고 빈 껍질뿐이었다. 아끼다 똥 된다더니 제철 지난 줄도 모르고 겉모습이 멀쩡한 것에 속아 넘어간 아둔함이라니….

올해도 이모는 마늘 두 단을 또 보내주셨다. 다져 냉동실에 넣을 양만 남겨 두고, 지난번의 실수를 반복하지 않으려고 나머지는 즉시 흑마늘 만들기에 돌입하였다.

먼저 통마늘의 어수선한 수염뿌리를 잘라내고 뿌리 쪽을 마른 솔질하여 전기밥솥에 차곡차곡 안쳤다. 보온 상태로 2주 정도만 가두어 놓으면 끝이다. 도중에 솥뚜껑을 열어보지 않으려 개폐 경계선에 개봉날짜를 크게 써 붙여 두었다. 단군신화 속의 곰이 백 일을 참아낸 후에 사람으로 변신하였듯이, 마늘은 보온 밥솥 안에서 정해진 날짜를 꼼짝없이 채우고 나와야 흑마늘로 거듭날 수 있다.

드디어 개봉일, 솥뚜껑을 열자 그간 솥 안의 것들이 참았던 숨을 한꺼번에 몰아 쉰다. 후더분한 김이 확 올라온다. 채반에 널어 한김 식힌 후 마늘씨를 까보았다. 개펄 속에서 머드팩하고 나온 여인처럼 그 하얗던 속살이 온통 검어졌다. 단단했던 알맹이가 물러졌다. 맵고 독한 기운도 온데간데없이 사라졌다. 보온통 속에서 독기가 서서히 빠져나갔나 보다. 온기 하나로 형질이 180도 바뀌어졌으니 이것이야말로 환골탈태가 아니겠는가. 흑마늘 한 쪽을 까서 입에 넣어본다. 쫀득한 질감에 숙성의 향기가 더해져 먹기에 전혀 거역스럽지 않았다.

요즘 흑마늘이 건강식품으로 환영받고 있다. 이젠 마늘철이 되면 흑마늘 만들기는 빠지지 않는 우리 집 연례행사이다. 흑마늘을 맛보면서 불현듯 불면증으로 고생하는 남동생 생각이 났다. 동생은 어머니 생전에 불효한 것에 대한 자책으로 수면제나 술에 의존해야 잠을 이루고 있다 하니 가슴이 아프다. 부모 앞에 떳떳한 자식이 얼마나 있겠냐마는 여러 형제 중 그 동생이 제일 부모와의 사별 후 슬픔의 무게를 이겨내지 못하고 방황 중이다.

동생은 사춘기를 보통사람들보다 길고 요란하게 보냈다. 어머니 속을 어지간히 썩이다가 돌아온 탕자처럼 늦게 철들었다. 이제부턴 잘 살아 보리라, 효도하며 살리라 마음먹었지만 부모는 기다려주지 않았다. 밭농사 지으시며 잔병치레 없이 건강하게 사시다 불과 2개월여 병석에 눕다 어머니가 저세상으로 가시고 아버지도 곧 따라가셨으니 황망하기 이를 데 없었다. 세상사람 다 외면하고 박대해도 넓은 치마폭에 모든 허물 덮어주고 품어주시던 어머니의 사랑을 늦게야 깨달았던 동생의 충격은 더욱 컸다.

동생은 겉보기엔 강해 보여도 형제 중에서 가장 정도 많고 눈물도 많은 편이다. 매사에 완벽을 기하려는 예민한 성격 탓에 자신의 부족함조차 용납하지 못하며 괴로워하고 있다. 어둠은 더 큰 어둠을 불러오는지 자책과 회한이 도를 넘어 피붙이 형제들의 불효까지 혼자 떠안고 죄의식과 불안, 외로움, 그리움 등으로 날밤을 새우곤 한다.

다정도 병이다. 수면 부족으로 신경이 점점 날카로워지는지, 때때로 억눌렀던 감정을 분노로 표출한다. 가까운 이들에게 아픈 말로 상처를 주곤 한다. 얼마나 더 어둠의 시간을 견뎌내야 자신과 타인에 대한 미움, 원망, 분노가 사그라져 편한 밤을 맞이할 수 있을까? 불면의 밤은 깊은 수렁 속에서 혼자 힘으로 헤어 나올 수 없어 몸부림치는 시간일 것이다.

독한 마늘이 보드랍고 달큰한 흑마늘이 되는 데는 특별한 요령과 솜씨가 필요치 않다. 단지 필요한 것은 온기뿐이다. 입안을 얼얼하게 하는 생마늘이 부드러운 흑마늘로 변신하기까지 보온의 시간이 필요했듯이 동생에게도 그를 둘러싼 사람들의 온기가 필요하다. 인내와 배려와 관용의 온기가 모아져 그의 가슴에 전달되어야만 돌처럼 단단해진 응어리가 흑마늘처럼 말랑해질 것이다. 그 온기로 깊은 상처가 아물고 새살이 돋는 날, 타인을 향한 동생의 눈빛도 순해지고 자존감이 회복되리라. 따스한 사랑만이 치료약이다.

(2019년 2월, 『수필과비평』)

몽돌 해변에서 만난 소리

파도를 앞세우고 몰아오던 바닷바람이 절벽을 돌면서 순해져 섬마을로 마실 오듯 넘나드는 곳쯤에 내가 서 있다. 일행 중 앞서 가던 이가 깎아지른 절벽 중턱쯤 깊숙이 파인 곳을 가리킨다. 저기 보이는 너럭바위가 기氣 받으러 오는 사람들이 모여드는 명당 자리라 한다. 그곳에 오르려면 물 빠질 때를 맞춰 와야 한다며 아쉬워하는 표정이다.

대지 위 삼라만상에 광활한 우주의 기운이 스미지 않은 곳이 어디 있으랴. 하늘과 맞닿은 망망대해 앞에 서면 언제나 숙연해지는 것은 그 광대무변함 때문만이 아니다. 바다는 세상의 온갖 오물을 달게 삼키는 대신 끊임없이 새 생명을 만들고 생기를 뿜어내준다. 그 넉넉함으로 선순환의 질서를 베풀어 주기에 어머니의 품 같은 바다 앞에 서면 겸손해지고 생각이 깊어진다.

스산한 3월의 새벽은 겨울 끝자락의 매운 바람을 밀어내며 밝아온다. 옷깃을 세우고 수평선을 바라보노라니 오감이 다 열리는 듯하다. 심호흡을 하자 바다의 기운이 온몸에 스며든다. 끼룩끼룩 갈매기의 날갯짓을 좇아 시야는 한없이 넓어진다. 두 손을 한껏 뻗어 기지개를 켠다. 일정한 간격을 두고 들려오는 해조음에 콧노래로 답하며 물 마른 몽돌을 밟아본다. 따뜻한 날이라면 맨발로 걸어도 좋을 감촉이다.

온 세상을 뒤엎어 버릴 것 같은 기세로 파도가 달려온다. 누군가에게 분노라도 쏟아부을 듯 거친 숨결이더니 해안가에 이르러서는 포기한 듯 털썩 주저앉아 흰 거품만 쏟아놓는다. 이 하얀 물거품들이 몽돌을 품고 있다 내려놓으며 남기는 여운이 노래가 되었는가.

"차글차글 차그르르!"

"차글차글 차그르르!"

여느 해변에서 들어보지 못한 결 고운 소리다. 몽돌들의 아우성이거나 돌멩이들의 마찰음이라면 분명 둔탁한 소리가 나야 하는데 그게 아니다. 다가갈수록 비파 소리보다 더 기막히게 보드라운 소리다. 인간들이 풀이할 수 없는 물분자들의 신비로운 속삭임이라고나 할까?

해변을 무참히 훑고 사라지는 파도, 집채만 한 바윗덩이조차 삼켜버리는 파도 앞에 몽돌, 이 작은 것들이 무슨 항변인들 할 수 있으랴. 억겁의 세월을 물살에 쓸려 사는 몽돌은 제 운명에 순응하면서도 때론 속울음을 물 밖으로 품어내고도 싶었을 것이다. 그러나 절벽에서, 갯바위에서 떨어져 나올 때의 아픔을 떠올릴 겨를도 없이 돌멩이는 굴러야만 한다. 물과 뭍의 경계선에서 돌멩이가 제자리를 잡기도 전에 또다시 거칠게 할퀴는 파도에 휩쓸려 정신을 잃는다. 차라리 물의 흐름에 제 몸을 맡겨버림이 오히려 덜 고통스럽다는 것을 몽돌은 이미 알고 있을 것이다. 항명을 포기하고 제 운명을 아름다운 고통으로 받아들일 때 울퉁불퉁 돌덩이는 모난 곳이 깎여지기 시작했으리라.

이젠 차갑고 딱딱한 돌멩이가 아니라 온기 어린 부드러운 몽돌이 되었다. 각진 데가 부딪히고 깎여 동그래질 때까지 오랜 세월 구르고 굴러 여기까지 왔을 몽돌, 그 아득한 역사의 시원始原을 조물주나 알까? 닮은 듯 서로 다른 모양과 빛깔을 가진 몽돌 몇 개를 주워 손바닥에 올려놓고 만져본다. 부서지고 깨어지면서 더욱 단단해진 몽돌의 표피마다 얼룩진 무늬들, 세파에 순명할수록 작아지는 몸뚱어리에 남겨진 강박의 표징도 다채롭다.

몽돌도 인간의 운명처럼 결국은 흙으로 돌아가겠지. 인간과 다른 점이라면 이것들은 한 알갱이 모래로, 흙으로, 먼지로 사라질 때까지 이어질 고통의 세월을 계수할 줄 몰라 차라리 행복한지도 모른다. 그래선지 몽돌마다 크기는 제각각이지만 한결같이 동글납작 편안한 얼굴들이다.

서서히 바람이 잔다. 이제는 화해의 시간이다. 아무 일 없었던 것처럼 파도는 사라지고, 해변엔 헤쳐 모인 몽돌들과 일렁이는 잔물결의 만남이 이어진다. 마치 모래 속에 뿌리라도 내릴 듯 버티고 있는 몽돌, 그 위를 잔물결이 애무하듯 어루만지며 지나간다. 마조히즘의 탄성인가.

"자글자글 자그르르!"

"자글자글 자그르르!"

만남과 헤어짐이 한순간에 있어 더욱 아쉬운 이것들이 만들어 낸 가락이 내 발목을 붙든다. 고요히 눈을 감고 추억의 소리 상자를 열어본다. 초겨울 등하굣길, 나무 밑 응달진 곳에 엉성하게 일어선 서릿발이 밟힐 때 부서지는 소리다. 툇마루 옆에서 머릿수건 질끈 맨 어머니가 키질 마무리할 때 곡물 쏟아 내리는 소리다. 외할머니가 손때 묻은 대나무 참빗으로 내 머릿속을 깊게 훑어 내릴 때 나던 소리다. 고향집 언저리를 맴도는 소리들이 그립다. 유년의 풍경들이 몽돌 소리 속에서 연신 피어오른다.

바쁜 일상에 쫓겨 사느라 그리움을 잊은 이가 있거든 한번쯤 몽돌해변에 가 귀를 기울여 보라. '차글차글 차그르르' '자글자글 자그르르' 신비로운 선율을 타고 정겨운 추억들이 하나 둘 피어날 테니.

(2019년 7월, 『수필과비평』)

여편네와 주둥이

동사무소 요가반에 나오는 유일한 남자, 그는 언제나 어김없이 맨 앞자리 중앙, 강사의 코앞에 앉는다. 오는 순서대로 앉는 게 불문율이지만 여자들은 대개 끼리끼리 가까운 곳에 자리를 잡는다.

그 남자가 고정적으로 앉던 자리 매트 위에 한 여자가 가방을 던져놓고 자기 친구 자리로 선점해 버린 어느 날이다. 남자는 그 자리로 오더니 헛기침을 한 번 한다. '내 자리인 줄 뻔히

알면서 왜 차지했느냐.'는 무언의 핀잔을 여자는 모른 체한다. 남자는 여자들의 뭇시선을 의식한 듯 몇 번 더 헛기침을 날리며 눈살을 찌푸린다. 여자는 이런 날이 오기를 기다려왔다는 듯이 당돌하게 나온다.

"아무나 오는 대로 앉으면 되지 자리에 명패 붙여놨습니까? 이 아저씨, 되게 웃기는 사람이네."

"뭐, 웃기는 사람? 이 여편네가 어디라고 함부로 눈 부릅뜨고 난리야?"

"여편네라고요? 여편네, 좋아하시네! 당신 마누라한테나 쓰시지. 누구한테 함부로 주둥이 놀려?"

여자의 앙칼진 목소리에 온 시선이 한곳으로 집중되고 장내는 긴장감에 휩싸인다. 측근의 여자들 몇이 합세한다. 쌍방 간에 들을 귀 가진 자는 없고 말하는 입만 무성하다. 그 와중에 핑퐁처럼 양쪽을 오가며 반복적으로 튀어 오르는 단어가 '여편네'와 '주둥이'다. 이쯤 되면 자리싸움이 아니고 '여편네'와 '주둥이' 싸움이다.

이 남자를 바라보는 입장이 둘로 나뉘어 있음을 자리싸움 후 왈가왈부하는 과정에서 알게 되었다. 쫄바지 차림의 여자들만 가득 찬 요가교실에 쭈뼛거림도 없이 동작을 열심히 따라하는 남자의 용기를 가상히 보는 소수가 있고, 여자들만의 자유로운 공간에 걸림돌이 된다고 이방인 취급하는 다수가 있었다.

남자 대 여자, 그것도 '1대 다수'의 싸움에서 남자는 구원병이 필요했다. 그 남자는 강사만이라도 자기 편을 들어줄 것을 기대했나 보다. 강사는 구경만 할 수도 없고, 그렇다고 어른들 싸움에 끼어들기도 민망했던지 딴청을 부리며 중립을 지키고 있자 남자는 격분했다. 강사를 비롯해 모든 여자들이 똘똘 뭉쳐 자기를 왕따시켰다고 동사무소 측에 항의하면서 일은 커지고 말았다. 애꿎은 두꺼비가 돌에 맞는 격으로 강사만 혼쭐났나 보다. 상처받은 강사가 다음달부터 그만둘 것이라는 소문이 돌자 분위기가 술렁거렸다. 좋은 강사만 놓치게 생겼다고 화풀이 불똥이 그 남자에게 튀었다. 대부분 동네 주민인 요가 동아리 회원들 사이에 뒷담화가 나돌기 시작했다.

"전직 교장이었다면서 교육자의 입이 거치네."

"원래부터 성격이 까칠했다지?"

생긴 대로 논다며 외모 비하는 물론 쩨쩨하네, 진상이네, 인격까지 들먹이며 신상털기에 바쁜 여자들의 입도 무서웠다. '이런 분위기 속에서 이 남자가 얼마나 견딜까?' 아니나 다를까 자리싸움 이후 서너 번 더 나오더니 남자의 모습이 보이지 않았다. 그날 강사가 겸연쩍은 표정으로 회원들을 향해 말했다.

"그 남자 현재 우울증 치료받는 중이라네요." 말을 듣는 순간 좌중이 조용해졌다. 그럼 이 남자의 욱하던 성미도 쩨쩨함에서 나온 게 아니란 말인가? 우울증 환자였다는 것을 미리 알았더라면 이런 불상사는 없었을까?

은퇴한 남자들 중에는 사회적 지위 상실로 인한 고독감이 심화되다 우울증으로 이어지는 예가 종종 있다고 한다. 왜소한 몸에 헐렁한 운동복을 입고 늘 무표정했던 남자의 처진 어깨를 떠올려본다. 여자들만 있어 분위기가 어색한 교실에 단순히 취미 활동이나 하자고 남자 혼자 이곳을 찾아오진 않았을 것이다. 짐작건대 세파에 할퀴어 누적된 상처로 감정이 예민해진 상태에서 심신의 안정을 되찾아보려고 용기를 냈을 것이다. 그런데 여기서 몸과 마음을 추스르기는커녕 상처만 안고 떠밀려 나간 꼴이 되었다.

이 싸움에 방관자였던 나는 이 남자가 우울증 환자라는 말을 듣는 순간 좀 찔리는 구석이 있었다. 당도하지도 않은 친구를 위해 미리 자리 맡아 두는 오지랖 넓은 그 여자도 문제지만, 여자 말을 유머로 넘길 일이지 화부터 내서 사건을 키웠나, 속으로 남자 쪽을 더 비난한 것이 민망스러웠다.

똑같은 사건도 어느 입장에 서서 바라보느냐에 따라 해석이 달라진다. 이 사람을 벼랑 끝에 선 남자로 보는 순간 측은지심이랄까, 모든 게 이해되고 달리 해석되었다. 그가 맨 앞자리 중앙만 고집한 것도 남자라는 권위의식에서 나온 것이 아니라 '낯가림'이라는 일종의 자기방어 자세였을 것이다. 몸에 딱 붙는 요가복 차림의 여자들 사이에서 어디 옆눈질 한번 마음대로 했으랴. 요가 시간 내내 태연을 가장한 채 등만 보여줬던 남자, 오직 정면의 강사 한 사람에게만 시선을 고정시키는 게 편했을 것이다. 그래서 의도적으로, 아니 필사적으로 그 앞자리를 지키려 했을 것이다.

가을 나이로 접어들어 내 삶의 궤적을 뒤돌아보면 참 시시한 일로 갈등이 불거져 관계가 끊어진 사람도 있고, 화해하여 예전보다 더 가까워진 사이도 있다. 모두와 원만한 관계를 유지하며 평안을 누리고 싶지만 오욕칠정의 그물망에서 벗어날 수 없는 게 인생살이 아닌가. 세월이 가도 앙금이 사라지지 않는 사건과 사람들, 언제쯤이나 다 흘려보내고 가벼워질까? 얽히고설킨 것들 사이에 진정한 화해가 이루어져 불편함이 사라지기를 나는 늘 소망하며 산다.

'여편네'와 '주둥이' 싸움의 장본인들끼리 화해의 시간을 가졌으면 하는 마음 간절하다. 오해를 풀 기회조차 갖지 않고 등진 사람의 양 어깨는 천근만근일 테니.

(2020년 8월, 『수필과비평』)

또 다른 놀이, 고요를 수놓다

교단에서 내려온 지 꽤 되었건만 출퇴근 생활이 몸에 밴 탓인지 아직도 아침 일찍부터 일어나 설치는 편이다. 전업주부로 돌아왔건만 살림솜씨는 여전히 엉성하다. 집안일은 끝이 안 나는 잡일이란 의식으로 대충 해치우고 밖으로 나돌길 좋아한다. 집안에서 혼자 꼼지락거리는 것보다 집밖 활동이 여가생활, 심신단련에 더 효율적이라는 편견을 갖고 살았다. 이런 내 생각을 바꿔놓은 것이 프랑스자수다.

코로나19로 인해 발이 묶이면서 나에게 어울리지 않을 것 같은 취미에 낚였다. 자수는 집 안에서 혼자 즐길 수 있는 놀이다. 그렇다고 단순하고 단조로운 놀이가 아니다. 손과 눈과 머리가 합력하여 작품을 만들어 내야 하는 창작활동이다. 수예手藝란 손으로 하는 예술이란 뜻 아닌가. 광속으로 질주하는 시대에 어울리지 않는 느림의 미학에 빠져보는 시간이다. 몰입의 자유를 만끽하는 데는 전화나 라디오, TV 소리도 방해가 된다. 은밀한 가운데 모든 잡념들 날려버리고 한 땀 한 땀 고요를 수놓는다. 바늘이 작을수록 수가 곱게 나온다. 아직 돋보기 안 쓰고 바늘귀 꿸 시력이 되니 얼마나 다행인가. 올가을에 세상에 나올 외손녀를 상상하며 바늘을 잡았다. 양말, 가제 수건, 턱받이 등에 자잘한 꽃무늬 수를 놓으면 예쁠 것 같다.

손재주가 없는 탓에 평소 손으로 뭘 만드는 일이라면 자신 없어 하던 내가 온종일 엉덩이 붙이고 앉아 수를 놓다니 나의 또 다른 면에 나조차 놀랐다. 도안을 그리고 어울릴 만한 색상의 실을 고른 다음, 적절한 스티치로 부분 부분을 채워가는 과정이 이채로웠다. 실을 뽑다가 엉키거나 실밥을 뜯어내느라 몇 번이나 애먹었지만 그런대로 원하던 형태가 드러나는 기쁨에 시간 가는 줄 몰랐다.

매듭짓기를 설명하면서 수예강사가 말했다.

"수예를 잘했나 못했나를 알아보려면 수틀을 뒤집어 보면 압니다. 잘된 작품은 뒤가 깔끔하고 매끄러운 반면에 잘못된 작품은 뒤가 엉망이죠. 실들이 서로 엉클어져 있고 큰 매듭, 작은 매듭들이 군데군데 너덜거립니다."

"아름다운 사람은 뒤가 깨끗하다."라는 화장실 벽에서 보았던 글귀가 떠올랐다. 자수하는 동안 사유할 수 있는 이 화두 하나, '아름다운 작품은 뒤가 깨끗하다.'를 곱씹으며 나를 들여다본다. 힐링 프로그램, 요가, 마음 수련하는 곳을 쫓아다니긴 했으나 진정한 마음의 쉼터가 방 안에, 수틀 안에 있음을 예전엔 미처 몰랐다. 자수를 하면서 실로 오랜만에 홀로 있을 때의 내적 충족감에 사로잡힌 나를 발견하였다.

인생살이의 면면은 다양하다. 양면 자수처럼 앞과 뒤가 일치하는 성인군자의 삶도 있을 것이다. 앞면보다 뒷면이 더 아름다워 세월이 갈수록 진한 감동을 주는 삶도 있을 것이다. 반면에 앞만 화려하고 뒤는 엉망인 사람도 있을 것이다. 눈에 띄게 앞면이 화려할수록 독버섯일 가능성이 높다. 때로 믿고 존경했던 사람이 나락으로 떨어지는 것을 보면 인간에 대한 불신을 넘어 배신감에 허탈해지는 경우가 얼마나 많았던가. 수틀의 뒷면을 보듯 상대편의 안 보이는 부분까지 볼 수 있는 심미안이 있었더라면 그리 큰 기대도, 실망도 하지 않았을 텐데 말이다.

진시황의 등산각석登山刻石을 비롯하여 동서고금 대개 권력을 거머쥔 자들은 자신의 이름을 남기려는 욕심을 버리지 못하고 여기저기에 흔적 남기기를 좋아한다. 그러나 금빛 권좌에 있을 때는 가려져 있던 것도 권좌에서 내려오면 밝히 드러나기 마련이다. 역사의 평가는 냉혹하다.

진정 아름다운 사람은 뒷모습이 아름다운 사람이다. 그가 머물다 간 자리에 향기가 남는 사람이다. 예를 들어 아프리카 수단의 슈바이처로 불리는 고故 이태석 신부님의 향기는 톤즈를 넘어 수단에, 아니 전 세계로 퍼져 그의 발자취를 따르려는 사람이 이어지고 있다고 한다. 또한 가족조차 외면했던 소록도 한센병 환자를 40여 년간 한결같은 사랑으로 돌보다가 자신들이 늙고 병들자 말없이 고국, 호주로 돌아간 마리안느와 마가렛 두 수녀님의 삶도 눈물겹도록 아름답다. 당신들의 흔적 하나 남기지 않으려고 소지품조차 불태우고 조용히 떠나셨다지만 소록도를 둘러싸고 맴도는 그분들의 향기는 영원히 사라지지 않을 것이다.

내 수틀의 뒷면은 어떠한가? 수를 놓다가 뒤집어 보았다. 실의 방향이 널뛰기를 하고 결이 울퉁불퉁 초보 수준을 여실히 드러내주고 있다. 실수투성이인 내 인생의 뒷면도 이와 다르지 않으리. 내 취향대로 모양을 빚고 나만의 색깔로 채워진 삶의 자수에서 실핏줄같이 엉클어진 실가닥들이 보인다. 사람들과의 관계 속에서 맺히고 뭉치고 얽혀있는 것들이 크고 작은 생채기와 굳은살로 박여있는 것이리라.

필부필부匹夫匹婦로서 오점 없는 인생을 바라는 것 자체가 무리일 것이다. 흘러간 물은 되돌릴 수 없듯이 이미 매듭진 자수를 다 뜯어 고칠 수는 없다. 실패한 횟수만큼 배움은 커지는 법, 나의 오점도 남의 허물도 타산지석으로 삼을 수만 있다면 이 모두가 서투른 내 인생의 교과서가 아니겠는가. 지금부터 남은 인생의 자수일랑 뒷면을 의식하면서 섬세하게 채워보리라. 이왕이면 앞뒷면 한결같게, 깔끔하게 처리하려고 노력해볼 일이다.

무지 에코백에 '꽃바구니 든 소녀'를 수놓았다. 그 옆에 미리 지어놓은 외손녀 이름의 이니셜 K. J. O 세 글자를 새겨 넣은 후 마지막 매듭을 야무지게 지었다. 내 인생의 뒷면도 이렇게 깔끔하고 아름답게 매듭짓기를 소망하면서.

(2020년, 『모악에세이』)

아기 관찰 일기

1.

아기가 운다. 새벽녘 아기의 울음소리는 기상나팔 소리다. 온 식구가 부스스 일어나 아기에게 다가가 문안 인사를 하며 하루를 시작한다. 태아가 세상에 나오던 첫 순간도 고고성으로 시작했듯이 오늘도 아기의 울음소리가 하루의 출발 신호다. 울음은 생명의 소리다. 존재감을 드러내는 소리다. 아기의 울음 속엔 수십, 수백 개의 단어가 응축되어 있다. 배고프다고, 졸립다고, 꿉꿉하다고, 안아달라고, 바깥으로 나가자고….

2.

아기가 웃는다. 눈부신 미소다. 아기 밖의 세상은 어떠하든지 아기가 웃는 세상은 천국이다. 아무것도 무섭거나 두려울 게 없다. 티끌만큼의 흠결도 없는 맑은 눈망울을 들여다보라. 소리 없이 방싯거린다. 아기의 미소를 바라보는 동안엔 누구나 지고선至高善을 지향하게 된다. 때때로 소리 내어 웃기도 한다. 간지럼 타는 것마냥 까르륵댄다. 그 소리를 악보에 옮긴다면 아마 천상의 노래가 될 것이다. 아기 웃음소리는 새소리보다 청량하고 함박눈보다 포근하다. 그것은 온갖 시름이나 피곤을 일시에 날려버리는 사랑의 묘약 송頌이다. 너무 예뻐서 솜털이 보송보송한 볼에 입맞춤을 아니 할 수 없다.

3.

아기가 옹알이를 한다. 옹알이는 아기들만의 신비한 언어이다. 아기만 할 줄 아는 방언이다. 사회성을 지닌 인위적인 언어가 아니다. 웃음소리처럼 주체할 수 없이 터져 나오는 소리다. 옹알이는 아기의 첫 발화로서 때 묻지 않은 언어이다. 미지의 영역이긴 해도 그냥 의미 없는 소리는 아닐 것이다. 보는 것, 듣는 것, 만지는 것 모두가 아기에겐 첫 경험이다. 옹알이는 이 모든 처음것에 반응하는 감탄사이다. 옹알이에 추임새로 맞장구쳐주면 아기는 신이 나서 새로운 옹알이로 말을 걸어온다. 소통의 시작이다. 인공지능의 발달로 옹알이를 해석할 수 있는 날도 머지않을 것이다. 그러나 나는 바라건대 옹알이만은 기계문명에 때묻지 않게 신성한 언어 그대로 두었으면 싶다.

4.

아기가 잠을 잔다. 마냥 행복한 잠에 취해 새날을 꿈꾼다. 이 세상에서 가장 아름다운 얼굴은 목욕 후에 쌔근쌔근 잠든 아기의 얼굴이다. 때로는 잠투정하다 얼룩진 채 잠들기도 한다. 언제 그랬냐는 듯이 입을 실룩대며 배냇짓을 한다. 아기가 잠든 시간은 엄마를 배려하는 시간이다. 이 시간보다 더 고요하고 평화로운 시간은 없다. 잠든 아기의 얼굴을 바라보는 이에게도 평화가 전달된다. 이 시간만큼은 세상의 소음도, 원망도, 다툼도 들리지 않는다.

5.

아기가 춤을 춘다. 춤을 추며 논다. 쉴 새 없이 꼼지락거리는 손가락과 발가락을 들여다보라. 봄날에 흙을 비집고 막 나오는 새싹 모양 앙증스런 곡선 뭉치다. 손가락으로 허공을 잡았다 놓았다를 반복한다. 그 모습은 수중의 환상적인 해파리 춤이다. 앉혀놓으면 새의 날갯짓마냥 양 팔을 파닥이며 짝짜꿍을 한다. 업으면 양 발을 파닥인다. 아기의 파닥임은 단순하면서도 역동적인 춤이다. 세워놓으면 머리끝에서 발끝까지 흔들흔들 휘청거린다. 아직 홀로 서기도 안 되는 아기를 억지로 세우면 아기는 다리를 모아 꼰다. 중심을 잡으려는 발레 포즈다. 무대가 어디든, 음악이 있든 없든 아기는 온몸으로 춤을 춘다. 관객은 절대 한눈을 팔면 안 되는 아슬아슬한 춤사위다.

6.

아기가 운동을 한다. 아기는 눈을 뜨고 있는 한, 한시도 가만 있지 않는다. 태중에 있을 때부터 진즉 엄마를 놀라게 했던 발차기 연습, 드디어 그 실력발휘를 하는가? 움직임의 강도가 성장의 바로미터다. 꼼짝없이 누워 천장만 보던 아기가 어느 날부터 스스로 뒤집기 맹연습에 들어간다. 실패를 거듭하던 끝에 드디어 누워있기보다 뒤집어 있기를 더 좋아한다. 목과 허리에 힘이 생기면서 앉기 시작한다. 누워있을 때와는 동작의 크기가 달라진다. 시야가 앞에서 양옆으로 확대되어 아기 눈이 호기심으로 반짝인다. 목표물을 잡고 싶어 한다. 엉덩이를 들썩인다. 잡아보려다 코방아를 찧는다. 전진하려고 낑낑대며 손톱으로 방바닥을 긁어댄다. 앉아서는 앞으로 나아갈 수 없음을 깨닫는다. 엎드려 기어가기 연습에 돌입한다. 등에 땀이 나도록 사지를 버둥거려도 그냥 제자리다. 엉덩이를 높이 쳐들었다가 폭싹 엎드린다. 아주 조금 전진해 있다. 애를 쓰다 힘들면 머리를 옆으로 뉘고 쉬는 모습이 안쓰러우면서도 대견하다.

송아지는 어미 뱃속에서 나오자마자 몇 번 비틀거리다 이내 걷고 뛴다. 아기는 스스로 앉고, 배밀이하고, 서고, 걸음마하기까지 1년도 더 걸린다. 인간은 성장 에너지가 대부분 뇌로 가기 때문에 육체의 성장 속도가 동물보다 느리다는 학설이 정설인지는 몰라도 참 더디게 성장한다. 아기는 하루에도 수십 번, 수백 번 실패를 거듭한다. 아기의 몸짓 하나하나는 성장을 향한 몸부림이다. 그 절실함이 거듭된 실패를 디딤돌 삼아 조금씩 전진하게 한다.

인생의 전全 단계 중 고비고비 힘들지 않은 때가 있으랴. 누구나 제 발로 걸어 세상 밖으로 나갈 때까지 수없이 넘어지는 과정을 거쳐야 한다. 실패를 거듭한 자만이 튼실히 성장하고 여물어진다. 울고 또 울면서 재도전해야 웃는 날이 온다. 신비감과 동시에 경외감이 느껴지는 아기의 성장 과정을 지켜보며 삶의 철학을 재음미해 본다.

아기염소와 늑대

어느 날 아기염소가 우연히 담과 난간을 타고 지붕 위로 올라가게 되었습니다. 새로운 세상을 만난 아기염소는 의기양양해져 그 아래 지나가는 늑대를 향해 비웃으며 놀렸습니다.

"이봐, 늑대양반, 날 잡아보시지?"

그러자 늑대가 헛웃음을 치며 말했습니다.

"이 녀석아, 나를 모욕하는 것은 네가 아니라 네가 서 있는 장소라는 걸 잊지 마라."

서 있는 위치에 따라 처세가 달라지는 인간들을 비꼬는 우화입니다. 동전의 양면처럼 오묘한 게 인생입니다. 자리가 사람을 만들기도 하지만, 자리가 사람을 망치는 사례도 부지기수거든요.

낮은 자리에 있을 때는 겸손과 배려가 몸에 밴 인격자라는 칭송에 능력까지 출중한 사람이라고 신망을 받던 사람이, 높은 자리에 오르자마자 전혀 다른 사람으로 돌변하는 경우를 종종 보게 됩니다. 초심을 잃고 안하무인이 되는 것은 왜일까요? 권위의식과 자만심이 차올라 분별력을 잃은 것이겠지요. 더 높은 자리를 탐하느라 수단 방법 가리지 않고 무리수를 쓰거나 완장만 채워주면 거들먹거리는 부류는 저 담장 위의 아기염소와 꼭 닮은꼴 아니겠습니까?

사람처럼 강한 듯 나약한 동물도 없는 것 같아요. 욕심, 이기심, 허영심을 안고 고공비행하다가 어느 순간 여지없이 추락하는 것을 보면 안쓰럽기도 하고요. 위기는 정상에서 박수 받을 때 온다는 게 아이러니죠. 그리고 평범한 사람보다는 소위 잘난 사람, 즉 지위·재물·지식·재능·외모 등에서 자랑할 만한 위치에 있는 자일수록 유혹에 빠질 확률이 높아지지요. 빼어나지 않았더라면 평범하고 순탄한 삶을 살았을 텐데 그 가진 것,

잘난 것이 걸림돌이 될 줄 어찌 알았겠어요. 추락의 여파는 지위에 비례하여 참혹한 결과를 낳지요. 개인의 파탄은 물론, 조직 전체가 와해되는 예가 얼마나 많습니까.

인간이 본능대로만 좇아 산다면 그 끝은 과연 어찌될까요? 무한 탐욕의 노예인 인간은 위로 올라가며 모든 걸 삼켜버리는 불의 속성을 닮았다고 하면 지나친 비약일까요? 인간 내면에 흐르는 불의 속성을 알았기에 옛 현자들이 상선약수上善若水를 지향하라 했나 봅니다.

물욕, 명예욕, 권력욕으로 대표되는 인간탐욕 중에서 권력욕만큼 대중과 밀접한 게 없지요. 권력욕은 선한 영향력든 악한 영향력이든 미치는 범위가 광대합니다. 한 나라의 운명도 좌지우지할 정도니까요. 사람들은 대체로 힘 있는 자가 되고 싶어하고, 힘 있는 자를 추종하여 권력을 대리만족하려는 추종욕구도 있다고 합니다. 권력자와 추종자들, 이 둘이 결합할 때 막강한 힘이 발휘되는 것을 정치판에서 흔히 볼 수 있습니다.

윌리암 골딩의『파리대왕』은 인간 본성의 악랄함을 파헤쳐 놓은 소설입니다. 2차 세계 대전을 경험한 작가는 폭력을 일삼고 전쟁으로 치닫는 당시 제국적 통치 스타일과 세태를 빗대어 이 작품을 썼습니다. 무인도에 불시착한 어린이와 청소년들

20여 명이 어떤 방식으로 생존해 가는가를 보여줍니다. 미래에 대한 희망과 현재의 만족 중, 어디에 비중을 두고 견디느냐에 따라 무리가 양극으로 갈라지는 것을 볼 수 있습니다. 여기에서 무리를 이끄는 리더의 역할과 군중심리를 들여다볼 수 있습니다.

부연하자면, 리더의 성격과 가치관에 따라 무리들은 온건파와 강경파로 나뉘어집니다. 온건파 리더, 랄프는 이성적으로 규칙을 정해 질서를 유지해가려고 노력합니다. 무인도에 고립된 현실을 직시하면서 구조될 희망에 초점을 맞춰 무리를 이끌어가려 하지만 현재를 견딜 미끼를 던져주지 못합니다.

그러는 사이에 랄프 편에 섰던 아이들이 구조될 희망을 버리고 하나 둘 반대편으로 빠져 나갑니다. 랄프와 달리 강경파 리더, 잭은 본능과 감정이 이끄는 대로 무리를 선동합니다. 잭은 무리에게 무기를 들게 하고 멧돼지 사냥감으로 그들의 배를 채워줍니다. 밤에는 축제를 벌여 따르는 자들의 마음을 사로잡습니다. 잭과 그를 따르는 무리가 빚은 광란은 끝내 상대편을 향한 폭력으로 치달으면서 세를 불려갑니다. 아무런 죄의식도 없이 대다수 아이들이 폭력에 가담합니다. 분칠 가면을 한 아이들은 "짐승을 죽여라, 목을 따라, 피를 흘려라!"를 외치며 광기에 사로잡혀 상대편을 공격합니다. 처음엔 순진했던 아이들조차 피의 제전을 즐기는 패거리로 변질되어 갑니다.

비록 소설이지만 광기어린 악마성이 어린 소년들에게 내재해 있음에 소름이 돋을 정도입니다. 여기에서 인간의 뒤틀린 본성에 대해 회의감이 들더군요. 마치 현실 정치의 재현인 양 이성을 잃은 패거리 문화의 파국을 보여주고 있습니다.

대선을 앞둔 시점에 우리나라 역대 대통령 중에 퇴임 후가 더 영예로운 분이 몇이나 될까 헤아려보았습니다. 퇴임 후 감옥행만 아니어도 다행인 낯부끄러운 정도입니다. 권력의 달콤함에 길들여진 리더나 눈앞의 사냥고기 맛에 혼을 빼앗긴 맹목적 지지자들, 제발 아기염소처럼 서 있는 장소만 믿고 우쭐거리지 말았으면 합니다.

정치에 무관심한 사람들, 살기 바빠서 그럴 수도 있고 정치에 염증을 느껴 등돌린 사람도 있겠지요. 기득권층, 수구 세력은 변혁을 싫어합니다. 그렇게 등 따습고 배불러 정치에 무심한 사람들, 이 모든 이에게 사족 하나 덧붙이겠습니다.

"정치를 외면한 가장 큰 대가는 가장 저질스러운 인간들에게 지배당한다는 것이다."

플라톤이 남긴 촌철살인의 명언입니다.

어느 훼손된 비석

미륵산은 한나절이면 다녀올 거리에 있고 정상이 해발 430미터로 부담없이 자주 찾아가는 산이다. 그렇다 해도 중간에 한두 번 쉬지 않고 올라가기는 힘들다. 산중턱쯤에 마침맞게 널따란 바위가 길손들 쉬어가기 좋게 펑퍼짐히 누워있다.

어느 날 보니 이 쉼터 가까이에 있던 무덤 두 개가 새롭게 단장돼 있었다. 봉분에 새 잔디가 덧입혀졌을 뿐만 아니라 상석과 비석까지 갖춰 놓았다. 내 키보다 큰 비석이다. 비석이 등산로 바로 곁에 세워져 있고 비문이 한글 정자체로 씌어 있어 내용이 한눈에 들어왔다. 처음 부분은 조상의 공덕을 칭송하는 내용이고, 중간은 여러 후손들이 뜻과 정성을 모아 비로소 이 비석을 세웠다는 내용이었다. 여기까지만 썼더라면 좋았을 뻔했다.

후반부는 이 비문 중 한 글자라도 훼손하는 자는 반드시 대대손손 화가 미칠 것이라는 내용이었다. 골목집 담벼락에 갈겨쓴 글귀, '여기에 소변보는 사람은 자손이 끊어지고 멸하리라.'와 거의 동급 수준 아닌가. 안 읽음만 못 했다. 비문의 친절한 엄포는 읽기만 했는데도 불특정 다수를 향한 비수에 내가 찔린 기분이었다. 화장실 문짝도 아닌 신성한 비석이요, 오래도록 남아있을 비문인데 어찌 이런 격한 표현을 썼을까?

무릎에 이상이 생겨 한동안 등산을 멀리하다가 삼사 년 만에 미륵산을 다시 찾았다. 산중턱의 널따란 바위는 변함없이 날 반갑게 맞아주었다. 바위 주변에는 나무들이 더 빽빽이 들어차 예전보다 아늑하고 포근한 느낌이 들었다. 그때 내 눈에 들어온 봉분 두 개, 커다란 비석과 상석으로 새 단장했을 때의 기고만장함은 다 어디로 가고 무덤은 잡초만 우북하였다. 더 놀라운 것은 비문 일부가 시멘트로 덧칠해져 있는 것이었다.

후반의 경고문 바로 그 부분이었다. 대체 누가 지웠을까? 이렇게 뒤늦게라도 지운 것은 그나마 다행한 일인가? 덧칠한 사람이 그 문중의 후손이라면 훼손한 자가 받을 징계와 책임을 어찌 물어야 할까? 훼손 자국으로 초라해진 비석은 묵묵부답으로 서 있었다.

옛적에 공명심에 사로잡힌 관리 중에는 자기 치적을 과시하려고 백성의 혈세를 걷어 선정비善政碑니, 영세불망비永世不忘碑 등을 재임 중에 세우기도 했다. 그중에는 직위에서 물러난 뒤 지탄의 대상이 되어 비석이 훼파되는 굴욕적인 일을 당하는 경우도 있었다. 최근에도 우리나라 역대 대통령 동상이 거꾸러지는 참담한 모습을 TV 화면을 통해 보았다.

사람에 대한 평가는 당대보다는 후대에, 생전보다는 고인이 된 후에야 비로소 진면목이 드러난다. 가장 무서운 심판은 역사의 심판이라고 하는 말이 그래서 나온 말일 것이다. 또 고인의 명예는 그의 업적뿐만 아니라 그의 삶에 깃든 진정성 여부에 따라 갈릴 것이다.

조선 중기 문신인 박수량(1491~1554)의 백비白碑는 이를 대변해 주는 유물이다. 황희, 맹사성과 더불어 '조선의 3대 청백리'로 알려진 박수량은 "내가 죽거든 고향에 장사지내되 묘를 크게 하지 말고 비석도 세우지 말라."는 유언을 남겼다고 한다. 그의 검소함과 청렴결백에 탄복한 임금(명종)이 장례비용과 비석을 하사하였다. 그리고 그의 뜻을 살려 백비白碑를 세우고 그의 맑은 덕을 오래 기리도록 하였다. 전남 장성에 있는 이 비석엔 비록 이름 석 자조차 없지만 오백여 년이 지난 오늘날까지도 박수량, 그 이름은 높임을 받고 있다.

초고속으로 변화 발전하는 시대에 발맞춰가는 현대인들은 번거롭고 복잡한 것, 시간 걸리는 것을 못 견뎌 한다. 이런 맥락에서 관혼상제 의식 절차도 간소해져 가고 있다. 가문에 따라 다소간 차이가 있긴 하지만 특히 상례, 제례의 복잡한 절차는 웬만하면 생략하고 편리를 좇아가고 있다. 변화의 경계선에는 으레 혼란이 있기 마련이다. 형식을 절대시하다 본질을 놓치는 경우도 있고, 본질만 앞세우다가 형식이 망가지는 경우도 있다. 대세를 좇아 형식은 간소화하되 조상을 경배하는 정신은 살리는 선에서 접합점을 찾아야 할 것이다.

부모상이라는 큰 슬픔 앞에서 가족 간에 낯붉히며 형제 사이에 삿대질이 난무하는 일이 왜 벌어질까? 어느 종교 예식을 따를 것이냐부터 매장이냐 화장이냐, 봉분을 하냐 마냐, 비석을 세우냐 마냐 등으로 가족이 사분오열되는 경우가 있다. 우애가 박살난 터에 휘황찬란하게 황금으로 관을 둘러싼다 한들 고인이 편안히 영면할 수 있을까?

근래에 친구가 들려준 그의 아버지 유언은 오랜 가뭄에 단비 같았다.

나 죽거든 사방팔방 부고내지 말고 가족끼리 간소하게 일을 치러라. 구순 넘게 여러 사람의 도움 받으며 이만큼 살았으면 족하다. 더는 바쁜 사람들 번거롭게 하거나 부담 주는 일일랑 하지 마라.

무덤도, 유골함도, 비석도 만들 것 없다. 화장한 후 한줌 재가 되거든 나무의 거름 되게 산에 뿌리거라.

친구의 부친상 소식을 장례 치른 지 한 달이나 지난 뒤에 듣게 되었다. 아버지의 유언 따라 가족과 가까운 친척끼리만 모여 간소하게 장례를 치렀다고 한다. 돌아가신 분은 덕망있는 지역 유지다. 장성한 자녀들의 사회적 위치로 보아 아마 부고를 냈더라면 조문객이 줄을 잇고 조화가 장내에 빼곡했을 것이다. 그러나 평소 검박했던 삶 그대로 순일하게 유종의 미를 거두고 가셨다니 고개가 절로 숙여졌다.

고인은 무덤도, 유골함도, 비석도 남기지 않으셨지만 절제와 배려와 오롯함을 지향하던 삶의 자세는 그 후손들의 가슴에 지워지지 않는 비문으로 새겨져 길이길이 전해질 것이다.

내 친구 꽃순이

길섶에서 만나는 풀꽃에게도, 울타리를 타고 넘는 넝쿨장미에게도 인사없이 지나가지 않는 내 친구 꽃순이가 있다. 가벼운 눈인사가 아니다. 꽃만 보이면 다가가 한바탕 감탄사를 쏟아놓고 와야 직성이 풀리는 친구다. 그는 꽃이란 꽃은 다 좋아하지만 특히 야생화를 좋아한다. 냉이, 민들레, 씀바귀같이 소박한 꽃, 그리고 토끼풀, 제비꽃, 할미꽃같이 가녀린 식물에게 더 애정을 쏟는다. 크고 화려한 꽃보다 금낭화, 자운영, 고마리,

여뀌같이 올망졸망 자잘한 꽃을 더 좋아한다.

친구는 외출복이든 실내복이든 은은한 꽃무늬 옷을 즐겨 입는다. 옷뿐만이 아니다. 그의 소지품에는 꽃무늬가 없는 게 없다. 가방, 지갑, 손수건, 양말, 신발, 우산 등에 반드시 꽃문양이 있다. 그도 그럴 것이 이 친구는 물건을 살 때 먼저 꽃무늬가 있는가 없는가부터 살핀다고 한다. 어쩌다 꽃무늬 없는 물건이다 싶어 물어보면 어느 구석엔가 숨겨진 자그마한 꽃문양을 기어이 찾아 보여준다.

이 친구의 속성은 틀림없는 식물성이다. 측은지심이 넘친다. 키도 크고 몸집이 좋은 편이라 아무것이나 잘 먹을 것 같은데 육류를 멀리한다. 동물이 불쌍해서 고기를 먹지 못하는 채식주의자이다. 꽃순이와 채식주의자는 어울리는 조합이다.

꽃순이는 시 쓰기를 좋아한다. 시인과 꽃순이도 잘 어울리는 조합이다. 감탄사를 잃어버릴 만한 나이인데 그는 작은 것에도 감격과 감동을 잘한다. 예나 지금이나 감수성이 예민하고 감정 표현이 풍부한 문학소녀다운 데가 있다. 이 나이에도 어쩌다 연애시절 이야기만 나와도 맨드라미빛 얼굴이 된다.

이 친구는 『채근담』에 나오는 '지기추상 대인춘풍持己秋霜 待人春風'의 자세로 처신한다. 즉 자신에게는 철저한 완벽주의를 적용하지만 남에게는 부드럽고 넉넉하게 대하는 편이다. 남녀노소를 막론하고 다른 사람을 대할 때 그는 칭찬으로 시작해 격려로 마무리 짓는 화법을 쓴다. 상대편의 말을 들을 때에도 말끝마다 붙는 추임새가 "잘했다", "고맙다", "감사하다"이다.

그가 시골 초등학교 교장으로 있을 때, 할머니 학생들의 입학을 허용하여 그 학교 이름이 전국에 알려지기도 했다. 이 할머니들은 문자 학습은 물론 손주뻘 되는 급우들과 어울려 소풍도 가고 제주도 견학 등 다채로운 체험 활동에 참여하였다. 교장이 앞장서서 학교 문을 열어주었기에 할머니들이 무학자의 설움을 씻고 환한 새 세상을 보게 된 것이다.

꽃은 홀로 피어있을 때보다 무리지어 있을 때 더욱 정스러워 보인다. 내 친구는 배움의 열망으로 불타오르는 어르신꽃인 할머니 학생들과도 잘 어울리는 꽃순이 선생이었다. 할머니들이 한글을 깨우치고 나서 쓴 자작시를 휴대폰에 담아와 우리들에게 보여주며 감격해 마지않았다. 그 시를 교실 뒷면에 붙여놓고 할머니들께 칭찬을 한 가마니쯤 했을 것이다. 친구가 근무하는 학교를 방문해 할머니들의 교실에 들어가 보니 냉장고도 있고 교실 뒤편 바닥엔 전기장판도 깔려 있었다. 노인들을 배려하는 교장의 진심이 묻어났다.

친구는 퇴직 후엔 외국인 노동자들과 격의 없이 어울렸다. 그들에게 한글을 가르치는 봉사자로 나선 것이다. 힘들게 노동하면서도 짬을 내어 한글을 배우려는 외국인들을 대할 때도 할머니 제자들을 대할 때처럼, 사랑과 열정을 담아 가르치고 보듬어 주었을 것이다. 그들을 꽃으로, 친구로 대하며 그들과 눈맞춤할 때마다 메꽃같이 연한 미소를 건넸을 것이다.

아무데나 피어도 생긴 대로 피어도
이름 없이 피어도 모두 다 꽃이야[1)]

이 노랫말처럼 모든 사람들은 저마다의 아름다움을 지닌 유일한 꽃임에 틀림없지 않은가. 세상에 소중하지 않은 생명은 하나도 없다. 우리 눈에 쓸모없을 것 같은 미물도, 잡초도 다 존재 이유가 다 있는데 하물며 인간임에랴. 세상에 쓸모없는 사람은 하나도 없다.

네가 꽃 피고
나도 꽃 피면

1) 류형선 작사, 작곡 「모두 다 꽃이야」

결국 풀밭이 온통
꽃밭이 되는[2]

모두가 아름답게 어우러지는 세상을 친구는 꿈꾸며 산다. 그의 곁에 있으면 어느결에 나 자신도 꽃밭 속에 앉아있는 느낌이 든다. 그의 입에서는 남을 얕잡아보거나 흉보는 이야기는 좀체 나오지 않는다. 슬프고, 안타깝고, 불쌍하고, 고맙고, 감사한 이야기들로 차고 넘친다. 그가 있음에 주변은 은은한 꽃향기로 둘러싸인다.

내 친구 안에는 다양한 꽃씨들이 숨어 산다. 쌍둥이 손주들과 놀아줄 땐 귀엽고 앙증맞은 채송화로 피어났다가, 할머니들이나 외국인 제자를 대할 때는 키 낮은 해바라기꽃이 된다. 한때 친구는 서울까지 올라가 광화문 촛불집회에 합류하곤 했다. 나에게도 동참하자고 손을 내밀었다. 평소 그에게서 느낄 수 없었던 결연함이 보였다. 의외의 반전인 이 비장미! 불의에 침묵할 수 없다는 결기! 그의 눈동자는 거룩한 분노로 흔들리고 있었다. 그때 그는 군더더기 없는 자태로 곧게 서서 어둠을 밝히는 주홍빛 군자란이었다.

(2021년, 『전북수필』)

---

2) 조병화 시, 「나 하나 꽃피어」

제2부

다락방에 머물던 시간들

가시내도 공주님도 아닌,
그냥 사람

"딸입니다."

비몽사몽간에 들려오는 간호사의 말이 기쁘지가 않았다. 첫 아들을 낳을 때는 전혀 느낄 수 없던 감정이다. 순산의 기쁨과 안도감으로 충만해야 할 자리에 정체불명의 슬픔이 스며들었다. 도대체 뭘까? 죽을 것 같은 산고의 고통을 이 딸에게 대물림해야 한다는 동병상련 때문인가? 아니면 나도 모르게 남아선호사상이 내 안에 똬리 틀고 있었단 말인가? 이 애틋함의 정체를 모른 채 어정세월 지나왔다. 그러다가 올해 첫 외손녀를 대면하는 자리에 불현듯 그때와 비슷한 감정이 다시금 올라오는 게 아닌가.

어릴 적 어른들한테 들은 말들의 파편을 종합해 보면 여자로 태어나는 순간부터 불행은 시작된다는 결론이 나온다. 내가 보고 들은 외할머니 삶의 배경에는 늘 그을음이 뒤덮여 있었다. 농토도 많은 집, 풍채 좋은 전라도 아들인 외할아버지와 충청도 양반집 딸인 외할머니가 어떤 연분으로 만났는지는 모른다. 외할아버지는 신라시대 용왕의 아들이었다는 처용을 닮은 인상이었다. 키도 훤칠하고 갸름한 얼굴에 긴 수염, 눈썹은 유난히 숱이 많고 짙었다. 외할아버지는 농사꾼이라기보다 한량처럼 살았다.

외할머니 몸에서 딸만 내리 다섯이 태어났다. 막내이모의 별칭은 '딸그만'이었다. 외할아버지는 대를 이을 목적으로 첩을 들였다. 그런데 또 딸이 태어나자 더 기다릴 새도 없이 또 다른 첩을 두었다. 외할머니는 같은 마을에서 작은이 둘을 보며 아들 못 낳은 죄인으로 기죽어 살았다. 가슴이 답답하다며 알사탕이나 쓴 담배를 늘 갖고 다녔다. 가슴속 쓰라림을 알사탕의 단물로 희석시켜 달래보거나 그래도 안 되면 담배 연기로 맺힌 것을 뿜어내곤 했다. 외할아버지 눈에는 오직 대를 이을 아들만 보일 뿐 외할머니의 숯검댕이 된 가슴은 보이지 않았던 것이리라.

첩들에게 마음을 뺏긴 외할아버지는 딸들을 빨리빨리 시집보내 먹을 입 하나라도 줄이는 일이 급선무였나 보다. 비록 상처喪妻 자리이긴 하나 눈빛이 살아있고 야무지게 생긴 이웃 동네 사나이를 눈여겨보다 맏딸을 그리 시집보냈다. 외할아버지는 어차피 남의 집 식구 될 운명인 가시내 하나, 밥 굶기지 않을 만한 남자 찾아 짝지워 주는 임무를 마쳤다고 생각했을 것이다. 그 맏딸이 나의 어머니다. 외가의 그을음은 맏딸의 생애에까지 어둠으로 내려앉았다.

부잣집 맏딸이 전실 자식 있는 가난한 집으로 난데없이 시집을 온 것이다. 가난의 때를 벗기고 기와집 올리고 넉넉한 살림 만들 때까지의 어머니의 신산했던 삶을 어찌 다 필설하랴. 하늘이나 알고 땅이나 알까 내 속은 아무도 모른다며 체념하듯 내뱉은 어머니의 넋두리만 모아도 장편소설이 되고도 남을 것이다. 한평생 숨죽이며 지낸 어머니의 삶은 외할머니의 삶과 같이 그을음이 덕지덕지 엉겨붙은 인고의 세월이었다.

남아선호사상이 뼛속까지 박힌 아버지는 생전에 재산 분배도 오로지 여섯 명의 아들들에게만 했지, 딸 셋에게는 한 터럭도 없었다. 아들들은 어떻게든 대학까지, 딸들은 글눈만 뜨게 하자는 것이 아버지의 확고부동한 생각이었다. 그러니 상급학교 보내달라는 딸들의 애절한 눈빛도, 볼을 타고 흘러내리는 눈물도 아버지 눈엔 보일 리 없었을 것이다. 아버지의 말씀은 항거할 수 없는 법이었다. 외할아버지와 마찬가지로 아버지에게도 딸은 나이 차면 남의 집 사람 될 가시내에 불과했다.

지독한 가부장제 틈바구니에서 나는 타고난 재능도 없으면서 오기와 집념으로 버텼다. 끝내 책가방을 놓지 않았다. 대학교를 도둑처럼 다닌 나는 아버지로부터 용돈은커녕 학비조차 받아본 적이 없다. 아버지의 불호령을 어긴 딸은 제 힘으로 일어서야 했다. 외할머니와 어머니의 처연한 모습 언저리에 치열함으로 얼룩진 내 지친 몰골이 얹어있다. 아버지의 성차별이 담금질되어 내가 더 단단해졌음에 감사하면서도 가슴 저 밑바닥엔 앙금이 남아있었나 보다. 그동안 의연한 척 버텨왔지만 내 안의 '성인아이'는 여전히 울고 있었다. 아들이 아닌 딸로 태어난 것을 억울해하며 살았다.

내가 딸을 순산하고도 마냥 기쁘지 않았던 이유, 외손녀를 본 순간 밀려들던 애틋함의 실마리가 잡혔다. 외할머니의 그을음이 그대로 어머니에게 전수되었듯이 여자라서 겪어야 했던 나의 아픔이 내 딸에게, 그리고 외손녀에게 행여 내림으로 이어질까 괜한 기우杞憂에 사로잡혔던 것이다. 그것은 원초적 모성에서 나온 불안함이었다.

이제 와서 당대의 요구에 발맞춰 사신 외할아버지나 아버지, 그분들을 원망하거나 비난할 의도는 없다. 지금은 아들이냐 딸이냐를 문제 삼는 집도 없으려니와 가정마다 한두 자녀밖에 없기 때문에 아들들은 다 왕자님이요, 딸들은 다 공주님이다.

지구상 인구의 절반은 여성이다. 여성과 남성은 서로 필요로 하는 존재이지 결코 배척이나 혐오의 대상이 되어서는 안 된다. 여권이 많이 신장되었다지만 남녀간 불평등이 해소되려면 아직도 갈 길이 먼데 어떤 정치가들은 '젠더 갈등'을 오히려 부채질하고 있다. 양성의 인권이 다 같이 존중받는 사회를 이루어 가기 위해 힘을 모아도 모자란 때이다. 표를 의식해 선거 전략으로 이용하려는 정치적 의도부터 불순하다.

최근 전문가의 통계에 의하면 우리나라 남녀 임금격차가 33%로 OECD 국가 중 최하위로 나타나 있다. 남녀 취업률 격차도 여전하다. 또 직장 내 여성차별지수, 일명 '유리천장지수'도 OECD 국가 중 하위에 머물러 있다. '경단녀'라는 말이 현장에서 공공연하게 작동되고 있는 까닭은 무엇일까? 여성의 자아실현욕구는 결혼 전까지, 또는 아이 낳기 전까지만 유효하고 아내요, 며느리요, 어머니가 되면 내려놓고 가정으로 돌아가라는 무언의 압력 아닌가? 결혼한 여성에게 가사와 육아라는 무거운 짐을 지우고 사회 진출 욕망을 억누르며 살라는 것은 그 옛날 아버지들이 아들자식 공부시켜야 한다고 딸을 집안에 주저앉힌 것과 하나도 다를 바 없다.

그동안 가정에서 딸의 호칭이 가시내에서 공주님으로 바뀌기까지 눈물겨운 세월이 흐르고 흘러 오늘에 이르렀다. 이젠 교육은 물론 부모의 재산 상속 비율도 남녀 사이에 균등해졌다. 전문직 여성, 고학력 여성이 점점 늘어가고 있다. 그런 만큼 여성들도 자아실현욕구를 충족해가며 능력껏 사회에 기여해야 할 책무가 있다. 여성들 스스로가 약자의식 속에서 배려 받으려 말고 성평등의식을 갖고 당당하게 나아가야 한다.

앞으로 외손녀가 자라 성인이 되었을 때 여성의 지위는 어떠할까? 가시내도 공주님도 아닌, 그냥 사람으로 성차별 없이 동등한 대우를 받는 사회가 되었으면 한다. 머리는 지혜롭고 가슴은 따뜻한 사람으로 살라는 뜻 그대로 지온智溫은 지온답게 살고, 또 그에 합당하고 공정하게 대접받는 사회가 되었으면 한다.

산행 단상

가만히 앉아있어도 콧등에 땀이 송글송글 맺히는 어느 주말, 우리 부부는 산행에 나섰다. 이열치열을 즐기려는 사람이 우리뿐 아니었다. 진초록 물결 위에 알록달록 등산복 차림 행렬이 꽃무늬 띠를 이루었다. 햇살의 팡파르에 푸르름은 한층 진한 광채를 발하고 바람의 박수갈채에 답례하듯 나뭇잎들은 신나게 춤을 춘다. 대지는 열기를 내뿜어 무대는 한껏 달아오른다.

초록의 농담이 어우러져 여름 오후는 익어가고 있었다. 조물주의 손길은 참으로 신묘막측하고 경이롭다. 지구상에 인류가 생존한 이래 지금까지 똑같은 사람은 하나도 없었듯이 꽃잎 하나도, 나뭇잎 하나도 똑같은 것은 없을 것이다. 그것들이 시방 저마다 다른 모양, 다른 색깔, 다른 향기를 지니고서 숲속에서 향연을 베풀고 있다.

젊을 땐 등산이라기보다 산책이라고 생각하고 자주 다니던 산이다. 이젠 중턱도 못 가 발걸음이 무거워지기 시작한다. 만보를 채워야 한다는 강박증이 발을 애써 끌고 간다. '아니 벌써 이러면 안 되는데' 건강염려증이 도지려 할 때 자신에게 주문을 건다. 욕심을 내려놓고 천천히 걷자. 산에 왔으면 산에 몸을 맡기자. 물아일체의 경지는 아닐지라도 세상 근심 걱정들일랑 이 시간만큼이라도 잊어버리자.

강렬한 태양빛도 숲속 깊은 곳에선 기세가 좀 꺾인다. 인적 드문 숲 그늘 사이로 산새들이 빠져나가며 선창을 한다. 뒤질세라 풀벌레들도 풀섶을 들썩이게 발성연습을 한다. 우리 뒤를 따라오는 꼬마들의 재재거림도 자연의 교향악 속 화음으로 어우러진다.

초등생 셋이 우리 부부를 막 앞지른다. 얼굴은 닮고 키만 차이 진 것을 보니 형제인 듯하다. 셋이 더운 줄도 모르고 가풀막진 산길을 헤헤거리며 내달린다. 집에만 있어도 놀거리, 볼거리, 먹거리가 풍부한 요즘에 저렇게 땀 흘리며 산을 타는 아이들도 있구나, 신통해 보였다.

이젠 오르막이다. 산 정상까지 가려면 한참 남았다. 꼬마 셋 중 가장 어려 보이는 아이가 조금씩 뒤처지는가 싶더니 뒤를 돌아보고 멈칫거린다. 제 부모를 찾는가? 이내 다시 발걸음을 뗀다. 땀은 줄줄 나고 힘만 드는데 괜히 산에 따라왔나 하는 떨떠름한 표정이다. 두 형은 각각 스틱 한 개씩을 가졌다. 셋째가 뒤처지니 형들은 잠시 멈춰 기다려주다가 막냇동생과 거리가 좁혀지면 다시 앞서가곤 했다. 셋째는 그예 주저앉고 말았다. 제일 큰애가 셋째에게 다가와 스틱을 내밀었다. 막대 끝을 잡고 따라오라는 시늉 같았다. 셋째는 여전히 짜증을 부리며 뭉그적댄다. 눈치를 챈 듯 큰형이 얼른 자신이 갖고 있던 스틱을 건네준다. 그제야 꼬마는 언제 그랬냐는 듯이 후다닥 일어선다. 제 키에 맞지도 않는 스틱을 땅바닥에 꿍꿍 찍어대며 저만큼 뛰어간다.

우리 부부는 산행할 때마다 걸음 보조가 안 맞아 삐그덕댄다. 걷다 보면 남편은 보폭이 넓고 걸음이 빠르기 때문에 자연히 내가 뒤처진다. 간격이 벌어지다 남편의 뒷모습이 보이지 않을 정도가 되면 난 그만 주저앉아버린다. 혼자 가자니 팍팍해서 남은 힘마저 빠져버린다. 그늘진 곳, 만만한 나무 등걸에 기대어 앉는다. 그러거나 말거나 남편은 혼자 정상에 올라가 점을 찍고 내려온다.

"땀나게 걸어야 운동이 되지, 그렇게 앉아 쉬려면 뭐 하러 산에 와?"

남편이 혼잣말처럼 구시렁대면 나도 대거리를 한다.

"다음부턴 나보고 같이 가잔 말 절대 하지 마요!"

꼬마들의 스틱 건네는 장면을 남편도 보았을까? 스틱 건네듯 남편의 손내밈이 내게도 필요한데….

산꼭대기에 올라서서 가쁜 숨이 점점 긴 호흡으로 바뀔 때까지 산 아래를 굽어본다. 발아래 모든 큰 것들이 작아 보이고 복잡한 것들이 단순해 보인다. 자유로운 영혼이 된 듯 머리는 맑고 가슴엔 평온함이 밀려온다. 등산의 즐거움은 산의 기운을 오감으로 받아 누리는 데 있다. 땀 흘린 만큼 가벼워진 몸에 산의 기운을 채워 하산한다. 초록에 취하고 자연의 소리에 젖는 사이에 세속의 티가 조금은 씻겨나간 듯하다. 하산하는 발걸음은 한결 사뿐하다.

(2015년, 『모악에세이』)

지퍼 달린 팬티

어머니 팬티에는 지퍼가 달렸다. 어머니는 지갑을 차에 놓고 내려 낭패 본 뒤부터 지퍼 달린 팬티를 애용하였다. 요즘은 특별행사 때 아니면 거리에서 한복 입은 사람을 만나기가 쉽지 않지만 어릴 적 기억에 할머니들은 외출할 때 거의 한복 차림이었다. 차비를 내거나 손주들에게 용돈이라도 주려면 아무렇지도 않게 치마를 들추곤 했다. 치마를 걷어올린 후 속바지에 달린 주머니에서 꼬깃꼬깃 접어둔 쌈짓돈을 꺼내려면 시간이

꽤 걸렸다. 그 굼뜬 할머니 동작을 참고 기다렸다가 용돈을 받아 쥐던 손주들이 이제는 지갑을 열어야 하는 우리 세대가 되었다.

학교에 꼭 내야 할 돈이나 학용품비 이외의 돈을 아버지에게 타내기는 낙타가 바늘귀 들어가는 것만큼이나 어려웠던 학창 시절이었다. 할아버지가 일찍 돌아가셨기에 아버지는 형제 많은 집 장남으로서 가장 역할하랴, 9남매 자식들 학교 보내랴, 담배꽁초조차 아끼던 사람이었다. 삶이 고단하다 보니 자식인 우리들에게 푸근하고 살갑게 대할 마음의 여유도 없었던 것 같다.

그때 외할머니가 속바지에서 꺼내 쥐여준 지폐는 눈물겹도록 고마운 선물이었다. 우리의 키가 자라감에 따라 외할머니의 발길은 점차 뜸해졌다. 어쩌다 오시는 외할머니보다 더 의지할 사람은 늘 곁에서 혼내고 잔소리하는 어머니라는 걸 알 만큼 철이 들었다. '용돈'이란 것은 아버지에게는 씨알도 안 먹힐 말이기에 경제권도 없는 어머니에게 손을 벌릴 수밖에 없었다. 어렵사리 어머니의 팬티에 달린 지퍼가 열리는 때가 곧 우리의 숨통이 트이는 날이었다.

지퍼 달린 팬티가 '화수분'도 아닌데 손 벌리는 자식들이 많아 애간장이 탔을 어머니. 허리가 휘도록 논밭에서 일만 하시다가 갑작스레 병명도 모른 채 몸져누우셨다. 황망한 가운데 어머니 곁을 자식들이 돌아가며 지켜 드리기로 했다. 내 차례가 되었다. 어머니의 살을 부비며 눈 마주칠 시간이 얼마 남지 않았다는 예감에 마음이 다급해졌다. 어머니 속옷을 갈아입힐 때 보니 어머니의 팬티는 여전히 지퍼 달린 팬티였다. 지퍼 속은 텅 비어 있었다. 하기야 24시간 침대에 누워 지내면서 지퍼 속이 두둑한들 무슨 소용이 있으랴. 누구든 살아생전 주먹을 악착같이 쥐고 있어도 마지막엔 스르르 풀리는 빈손인 것을.

이러저런 핑계로 친정집을 자주 찾지 못하고 어머니 지갑 속이 비는 것도 살피지 못하며 바삐 살았다. 어머니의 빈 둥지 같은 삶을 텅 빈 지퍼 속이 고스란히 보여주는 것 같아 먹먹했다. "어머니!" 불러 봐도 아무런 대답 없이 감긴 눈 힘겹게 떴다 도로 감으신다.

동물과는 달리 인간만이 할 수 있다는 치사랑, 평생 내리사랑만 받다가 늦게야 떠올리는 게 치사랑이다. 치사랑의 소중함도, 치사랑할 시간이 길지 않음도 부모 생전에는 깨닫지 못하는 무지함이라니…. 이젠 고향집을 향해 달려갈 시간 여유가 생기고 부모님 지갑 속을 채워줄 만한 여윳돈도 있건만 부모님이 아니 계시니 어쩌랴. 부모님 무덤 앞에 장승처럼 멍하니 서서 후회의 눈물만 삼킬 뿐이다.

(2020년, 『모악에세이』)

알로하 사카와
아버지의 주먹손

하와이에선 내국인이든 외국인이든 서로 눈만 마주치면 유쾌한 목소리로 "알로하!"하면서 손인사를 나눈다. 중앙에 있는 세 개의 손가락은 접고 엄지와 새끼손가락을 세워 흔드는 제스처, 알로하 사카shaka는 하와이 전통 인사법이다. 사카 사인을 보낼 때는 반드시 손등이 상대편을 향하도록 하고 흔들어야 한다. 거센 파도를 타고 오면서 맨 먼저 사카 사인을 보냈던 사람, 상어에게 먹혀 없어진 세 개의 손가락을 드러내지 않으려

했던 그 서퍼surfer의 자존심을 지켜주기 위해서이다.

대대로 하와이안들은 알로하 사카 속에 담긴 서퍼의 불굴의 정신을 존중하며 계승하고 있다. 이것을 일러 '알로하 정신Aloha Spirit'이라고 한다. '알로하'는 안녕하세요, 반갑습니다, 환영합니다, 사랑합니다 등 여러 의미로 쓰인다. 애초에 알로하Aloha라는 단어는 친절, 조화, 기쁨, 겸손, 인내에 해당하는 하와이어의 머릿글자를 따서 조합했기에 어떤 상황에서든 긍정의 에너지를 주고받는 하와이안 정신이 두루 깃든 인사말이라 할 수 있다.

하와이 섬에서는 해마다 사람이 상어의 밥이 되는 사건이 발생하건만 원주민들의 상어 사랑은 여전하다고 한다. 상어를 되살아난 조상의 혼, 즉 가정 수호신이라고 믿기 때문이다. 상어가 바다의 풍랑에서 가족을 지켜주고 바닷속 고기를 모아주어 풍성한 삶을 가져다 준다는 믿음이 있기에 그들은 상어를 숭배하고 있다. 상어의 이빨을 몸에 지니고 다니면 행운이 온다고 믿기도 한다.

상어는 성장이 늦고 번식률이 낮기 때문에 과도한 어획을 자제해야만 해양생태계가 유지될 수 있다. 바닷속 생태계의 최상위 포식자인 상어가 사라지면 하위 어족 자원의 붕괴를 가져온다는 사실을 원주민들은 지식이 아닌 경험으로 알고 있기에 상어잡이를 절제하고 있다고 한다. 상어 숭배도 사람이 자연과 조화를 이루며 살아가기 위해 자연스레 익힌 알로하 정신에서 나온 것이리라.

하와이를 다녀온 후 더욱 상어에 관심이 쏠리던 차에 샥스핀, 스쿠알렌, 캐비아 등 사람들의 입을 즐겁게 하기 위해 상어가 무차별적으로 포획되고 희생되는 현장을 담은 'TV 환경스페셜'을 시청하였다. 상어의 지느러미가 값비싸게 팔리기 때문에 산 채로 지느러미만 잘린 채 바다에 버려지는 숫자가 매년 1억 마리 정도 된다고 한다. 상어의 생명력은 사실 지느러미에 있다. 따라서 지느러미 없이는 멋지게 헤엄칠 수도, 먹이를 낚아챌 수도 없다. 몸통만 덩그마니 남은 상어는 살아도 산 게 아니다. 부력을 잃고 바다 밑바닥으로 가라앉을 때까지 핏물을 하염없이 쏟으며 고통스럽게 죽어가는 모습을 보고 있자니 차라리 상어를 조상신의 생환으로 보는 하와이 원주민들의 순진함이 기껍게 느껴졌다.

해외여행으로 맨 처음 발 디딘 곳이 하와이였다. 연중 온화한 열대성 기후에 천혜의 청정지역, '태평양의 진주' 혹은 '지상낙원'이라 불리는 하와이는 꼭 한번 가보고 싶은 나라로 꿈꾸던 곳이었다. 호놀룰루 공항에 도착하자마자 하와이안 아가씨들이 꽃목걸이를 달아주며 환대해 주던 기억이 난다. 그때 거리마다 부드러운 바람결에 형형색색의 꽃이 흐드러진 가로수, 호텔 입구에서부터 코를 자극하는 플루메리아 향기 등에 매료되었다. 난생처음 해외여행인지라 이국적인 풍광에 눈이 휘둥그레지고 사방의 꽃향기에 취해버렸던 그날의 추억을 떠올리며, 30여 년 만에 친척들과 함께 다시 하와이를 찾았다.

하와이안의 매력을 온몸으로 발산하는 여인들의 훌라춤, 초침보다 빠른 리듬으로 흔들어 대는 무희들의 동작은 예나 다름없이 섹시하고 아찔하였다. 그림같이 펼쳐진 쪽빛 바다와 청명한 하늘이 맞닿아 있고, 가없는 수평에 수직으로 일격을 가하는 야자수가 쭉 곧은 몸매로 줄지어 서 있는 환상의 섬이다. 하와이 해변의 대명사 격인 와이키키 해변은 겨울철임에도 여전히 젊음과 낭만이 어우러져 술렁이고 있었다.

세월 따라 사람은 늙어가지만 섬의 아름다움은 변함없었다. 하와이는 세계 관광객을 불러들이기 위해 30여 년 전보다 더 싱그럽고 발랄하고 멋스럽게 단장하고 있었다. 일행이 시어른들이라서 빡빡하고 버거운 일정은 피했다. 느슨하게 수도가 있는 오아후섬 하나만 돌아보기로 했다. 마음만은 30여 년 전처럼 와이키키 해변 파도에 몸을 맡겨보고도 싶고, 에메랄드 빛 신비스런 하나우마만bay에서 스노쿨링하며 환상적인 색상으로 무리져 다니는 물고기들의 뒤를 쫓고 싶었다. 또 섬 면적이 가장 크고 화산 활동이 현재 진행 중인 빅 아일랜드에 가서 경비행기 체험도 해봐야 하는데…. 활화산 분화구 불구덩이에 산다는 불의 여신, 펠레가 화가 나 머리카락이 용암처럼 새빨개지는 모습은 어떠할까? 여행 뒤엔 항시 미련이 남기 마련이다.

이번 여행 중 '알로하 사카'와 관련된 또 다른 전설을 알게 되면서 '여행은 스토리다.'는 말을 실감하였다. 이 새로운 버전의 이야기 속 주인공에게서 친정아버지를 떠올려보고 주먹손의 의미를 되새겨보는 기회가 되었다.

옛날에 사탕수수 농장에서 일하던 하마나 칼릴리Hamana Kalili라는 농부가 있었다. 그가 하는 일은 사탕수수를 압착기에 넣고 짜는 일이었다. 어느 날 그만 실수로 손가락이 절단되는 사고를 당하고 말았다. 성실하기 이를 데 없는 그였지만 그곳에서 더이상 일을 할 수 없게 되자 다른 일자리를 찾아 나섰다. 마침맞게 열차 보안요원 자리가 생겼다. 열차가 오면 손을 흔들어 사람들에게 사인을 보내는 일이었다. 엄지와 새끼손가락만 치켜세워 흔드는 그의 독특한 사인을 주변 사람들이 인상 깊게 보고서 그를 따라 많은 사람들이 손가락을 접어서 인사하게 되었다는 것이다.

평생 농사꾼이셨던 아버지. 당신이 못 배운 것이 한이 되어 자식들 다 상급학교 보내고 차례차례 분가시키기까지 맨주먹으로 헤쳐나가신 아버지. 아버지는 발동기 체인에 손이 딸려 들어가 손가락 세 마디를 잃으셨다. 그나마 왼손인 게 다행이라며 여전히 땅을 일구는 일에 주춤거릴 새 없이 바지런히 움직이셨다. 농사일 하실 때나 일상 중에 손가락 장애로 인해 불편하셨을 텐데 내색 한번 하지 않으셨다. 바쁜 꿀벌은 슬퍼할 틈이 없다고, 아버지는 불평 불만할 여유 없이 숨가쁘게 사셨다.

아버지는 남 앞에서 항상 주먹을 꼭 쥔 모습만 보이셨기에 주변 사람들 중에 아버지가 손가락 장애자인 줄 모르는 사람이 아마 많았을 것이다. 돌아가신 후에도 내 기억 속의 아버지 손은 그냥 주먹손이다. 마치 애초부터 그 모습이었던 것처럼. 솔직히 손가락 장애로 인한 아버지의 불편함이나 모멸감 등에 대해 자식으로서 진지하게 생각해 본 적이 없었다. 그 기형의 주먹손을 한번이라도 따스하게 매만져드린 적도 없었다.

내 아버지의 주먹손 안에 꽉 찬 차돌 같은 힘은 우리 형제들의 핏줄로 이어져 지금도 꿈틀거리고 있다. 손가락을 잃고도 주저앉지 않고 열차 승객을 향해 손을 흔들며 생계를 꾸려 갔던 남자, 장애를 입어 더이상 아무일도 할 수 없을 것이라 비웃던 사람들에게조차 정겨운 미소로 사카 사인을 보냈던 열차 보안요원의 이야기가 지금껏 하와이안에게 전해져 오듯이, 내 아버지의 단단한 주먹손 이야기는 우리 집안 대대손손 전해질 것이다. 그 뭉뚝한 주먹손이야말로 빈한한 집안을 일으켜 세우고 9남매 자녀를 버젓이 키워낸 위대한 손이었다고.

(2018년, 『지초』 창간호)

물메기탕 사랑

아버지의 주사酒邪는 당해낼 자가 없었다. 아버지의 술 취한 모습도, 술 냄새도, 주사도 질색이었다. 내가 아직도 술을 못 마시고 안 마시는 이유가 아마 그때의 거부감 때문이 아닌가 싶다. 그러나 아버지도 안 계신 이제야 이해의 눈이 뜨여 아버지의 심정을 헤아려 본다. 김씨 집성촌이나 다름없던 동네에서 타성받이로서 어우렁더우렁 살아가려면 술의 힘을 빌리지 않을 수 없었을 것이다.

할아버지가 일찍 돌아가신 탓에 맏이인 아버지는 일찍이 청년 가장 역할을 하셨다. 바늘 꽂을 땅 한 평 물려받지 않아 오랫동안 남의 논 빌려짓다 자수성가할 때까지 그 고단한 세월을 버텨내기에 술의 힘이 필요했을 것이다.

아버지의 스트레스를 받아주고 풀어주는 것은 술뿐이었다. 가정에서도 불같은 성정의 아버지는 바람부채 같은 여자를 갈망하였다. 불꽃을 일으켜주고 나긋나긋하며 눈치 빠른 여자 말이다. 그런데 어머니는 법 없이도 살 사람이라는 평판이 날 정도로 성품이 온순한 사람이었다. 게다가 아버지가 원하는 애교는커녕 화술도 없고 행동도 느린 편이었으니 부모님 사이에 언쟁 없이 지나가는 날이 거의 없을 정도였다. 아니 언쟁이랄 것도 없다. 아버지의 일방적 호통이었다.

아버지의 자식 욕심 또한 끝이 없었다. 자식들 대학 보내는 것이 당신의 못 배운 한을 푸는 길이었던 아버지. 그만큼 자식들에게 거는 기대가 컸다. 허리띠를 졸라매고 살아도 농사만으로 학비 대기가 얼마나 버거우셨을까. 우리 형제들이 어디에 가도 중간 정도는 따라가건만 아버지의 눈에는 차지 않았다.

"멸치 떼마냥 숫자만 많지…. 에잇!"

자식들을 대할 때 칭찬에 인색한 아버지, 그 앞에 주눅이 든 우리 형제들은 아버지 눈치를 보며 슬슬 피해 다녔다. 아버지는 점점 외로워지셨다. 그 외로움과 욕구 불만을 술로 달래며 농사일에만 매달리셨다.

주절주절 끝도 없이 늘어지던 아버지의 술 주사에 우리들은 지겨워 달아나곤 했다. 그러나 아버지의 이런저런 스트레스를 풀어주는 게 술이란 걸 어머니는 이해하고 술주정도 감내하셨던 것 같다. 속풀이 해장국하면 제일 먼저 어머니가 끓여내던 물메기탕이 떠오른다. 후루룩 걸릴 것 없는 물메기탕 한 그릇이면 물메기의 연한 살이 풀리듯 아버지의 화가 스르르 풀렸다. 어머니의 속 깊은 남편 사랑이 맑은 해장국 속에 녹아 있었던가 보다.

엄부자모嚴父慈母가 당연한 훈육 방식인 줄 아는 아버지. 아버지의 벼락 같은 소리에 움츠러들었다가도 어머니의 포근한 치마폭에 숨어 우리는 숨고르기를 하곤 했다. 그럴 때마다 자식들 기 꺾일세라 그만하면 괜찮다고 다독여 주시던 어머니의 손길은 언제나 따스했다. 어머니는 바람 잘 날 없던 집에 홀로 바람벽이 되어주셨다. 행여 가정이라는 둥지가 깨지지 않도록 온몸으로 받치고 버텨내셨다. 아버지의 주장 앞에 어머니의 의견은 늘 흐물흐물해지는 물메기 살점처럼 녹아들곤 했다. 그래야 집이 조용했다.

어머니는 왜 하고많은 생선 중 가장 험상궂게 생긴 물메기를 자주 사오셨을까? 못생긴 건 그렇다 치고 껍질은 미끈덕거리지, 살은 흐물흐물해 씹는 맛이 나지 않는 게 물메기탕이다. 그런데도 아버지는 비린내도 없이 시원하고 맛있다며 뜨끈한 국물까지 남김없이 드셨다. 살과 뼈가 연하고 맛이 담백하다며 좋아하셨다. 국물 시원한 생선이 어디 물메기뿐이었을까? 아마도 어머니는 어물전에 가서 많은 식구 배불리 먹이려면 우선 값이 싸고 양이 푸짐한 것을 찾았을 테고, 당시에 물메기보다 더 싼 생선은 없었을 것이다. 옛날에는 흔하고 맛없는 생선이라고 그물에 걸려 올라오면 곧바로 바닷물에 텀벙 내던져버렸대서 '물텀벙이'라는 별명까지 붙었다니 오죽 헐값이었겠는가. 겨울철 농한기에 아버지의 술주정이 잦았던 기억과 함께 찬바람 날 때면 가끔 물메기탕 생각이 난다.

아버지의 투박함 뒤편에 있는 아픔을 이해하지 못하고 왜 자꾸 뒷걸음질만 쳤는지 회한이 밀려든다. 어머니의 녹아주는 사랑법을 진즉 터득했더라면 살아생전 술 한잔 따라 드리며 아버지의 텅 빈 가슴을 따끈한 물메기탕으로 채워드렸을 텐데…. 평생 아웅다웅하시더니만 어머니 가신 지 반 년 만에 그 길 성

급히 따라가신 아버지. 지금쯤 하늘나라에서 두 분이 만나 회포를 풀고 계시려나? 부모님의 애잔한 사랑이 배어든 물메기탕, 그 뜨끈한 국물 한 숟갈 목젖을 넘기기도 전에 부모님 생각에 코끝이 매워진다.

(2020년 12월, 『수필과비평』)

날아 온 사진 몇 장

아들 내외로부터 엄지를 번쩍 세운 그림말(이모티콘)과 함께 날아온 뉴스, 결혼한 지 3년 만의 회임 소식이다. 나도 드디어 할머니가 된다는 기쁨도 잠시, 임산부의 건강 상태가 심각하다니 입을 꾹 다물고 긴장의 나날을 보내야 했다. 물만 마셔도 토할 정도의 유별난 입덧 탓에 며느리는 기진맥진하여 임신초기부터 직장에 병가에 이어 휴직계를 낼 정도였다.

이러구러 넉 달이 지나자 태아 초음파 사진이 카톡에 올라오기 시작했다. 애벌레가 나비가 되기 위해 고치 속에 스스로를 가두듯 엄마의 자궁 속에 들앉아 있는 생명체, 비록 웅크린 모습이지만 태아를 볼 수 있게 해 준 초음파 기술에 감탄하며 조금씩 안도의 숨을 쉬었다.

모든 생명체가 그러하듯 태아도 창조주의 손길에 의탁된 존재일 뿐 우리가 염려한다고 그의 머리칼 한 올도 어찌하지 못한다. 그런데도 성별을 알고 나니 벌써부터 기골이 장대한 사내대장부를 그려보게 된다. 열매 속 작은 씨앗이 발아하여 우람한 나무가 되듯, 사진 속 검은 점 하나가 어린 왕자로, 어엿한 청년으로 내 앞에 설 날을 꿈꾸는 재미에 자꾸만 입이 벙글어진다.

30여 년 전을 떠올려본다. 그때는 출산 때까지 태아의 성별조차 몰랐으나 요즘은 실시간으로 태아의 표정이나 몸짓까지 볼 수 있으니 격세지감이 든다. 우리 아이들은 어릴 적에 가족 사진첩을 그림책 보듯 자주 펼쳐보며 놀았다. 양가 가족이 꽉 들어찬 내 결혼식 사진을 가리키며 애들이 주고받던 말을 엿듣고 피식 웃었던 기억이 난다.

"여기에 엄마 아빠만 가고 왜 우리는 안 데리고 갔을까?"

"이 바보야, 우리는 이때 엄마 뱃속에 있었잖아. 그것도 몰라?"

유치원 다니던 아들의 당당한 답변에 딸애는 고개를 끄덕였다. '그랬구나. 우리 오빠는 모르는 게 없어!' 하는 표정이다.

이 똑똑한(?) 애가 이제 곧 아빠가 된단다. 태아 초음파 사진들을 개월별로 벽에 붙여 두고 바라본다는 아들 내외, 긴장이 좀 풀렸을까? 임신 칠팔 개월 즈음 드디어 입덧이 끝난 것 같다며 며느리로부터 카톡 사진 몇 장이 날아왔다. 이름하여 '만삭 사진'이다.

전신을 휘감고 있는 새빨간 드레스 차림, 또 하얀 날개를 펴고 막 지상에 내려앉는 천사 모습 등 만삭의 배만 아니었으면 레드 카펫 위의 여배우 같은 파격적인 연출이었다. 대중의 이목을 끌 수만 있다면 뭐든지 드러내기 좋아하는 연예인도 아닌데, 만삭의 배에 초점을 맞춘 다양한 포즈나 그 배에 입맞춤하고 있는 아들 모습에 난 뜨악했다. 신세대 예비 부모는 터질 듯한 행복감을 가족과 공유하고 싶어 사진을 전송했을 것이다. 머잖아 할아버지가 될 남편에게 사진을 보여주자 "이런 사진 찍을라 말고 건강하게 애나 잘 낳으라 해." 보는 둥 마는 둥 시선을 돌려버렸다. 여자인 내가 봐도 좀 민망하긴 했다. 우리 때는 불러오는 배를 품 넓은 옷으로 가려가며 어떻게든 표시 안

나게 하려 애썼는데….

때로 어떤 것은 드러내는 것보다 숨겨 놓아야 더 아름다운 법이다. 한 생명이 탄생하여 가족의 일원이 된다는 것은 억겁의 인연이 닿아야만 맺어지는 기적 같은 일이다. 귀한 선물일수록 두렵고 떨리는 마음으로 조심스레 풀어본다. 경이와 신비의 생명체가 안식하고 있는 만삭의 몸, 행여나 부정탈까 고이 품고 있어야 할 것 같은데 이렇게 파격적으로 공개해도 되나?

만삭 사진 찍기가 신세대 신혼부부 사이에 유행인 줄을 우리 부부는 몰랐다. 아들도 10여 년 동안 외국 유학 시절에 실험실에 틀어박혀 살다왔기에 더욱 몰랐을 것이다. 며느리 또한 유행 좇는 것을 꺼려하는 편이라 자청해서 만삭 사진을 찍자고 했을 리는 없을 것인데 어찌된 일일까? 알고 보니 산후조리원 예약시 보너스로 나오는 '만삭사진 무료 촬영권'이라는 미끼에 걸려든 모양이다.

디지털카메라, 스마트폰, 셀카봉 시대에 접어들어 사진업이 사양길로 접어드니 사진업자들도 소비자의 지갑을 열게 할 아이디어를 짜낼 수밖에 없다. 만삭 사진 무료권은 출산 후 이어지는 아기의 50일, 100일, 500일 '성장앨범' 제작을 위한 유혹물이었던 것이다. 요즘같은 저출산 시대에 한두 자녀 낳아 왕자와 공주로 키우는 판에 아기의 성장앨범 권유를 뿌리칠 부모가 몇이나 있겠는가?

자폐증이 있는 아들 때문에 지금도 마음고생을 하고 있는 지인이 있다. 임신 기간 중에 부부가 언쟁을 자주 했는데, 만삭 무렵에 남편이 자기를 향해 휴지통을 던지며 폭언을 했다고 한다. 그런데 출산 후 갓난아기가 그 휴지통만 보면 자지러지게 우는 통에 '설마' 하면서 휴지통을 없애버렸다는 것이다. 자기네 부부의 불화가 결국 태아의 정서에 악영향을 끼쳐 자폐아로 태어난 것 같다며 눈시울을 붉힐 때 나도 눈두덩을 훔치지 않을 수 없었다.

임신 말기에는 태아도 오감을 다 느낀다던데, 태아 때 보고 들은 것을 세상에 나와서 기억해내는 능력이 어린애에게 참말 있을까? 사람은 태어나기 전부터 부모로부터 영육靈肉을 받아 한 인간의 근본이 가꾸어진다는 믿음에서 태교는 시작된다. 조선 정조 때 사주당 이씨가 지은 「태교신기胎教新記」에 태교의 중요성을 한 마디로 함축한 말이 있다.

"어머니의 뱃속 열 달이 스승의 십 년 가르침보다 더 낫다."

사주당 이씨가 4남매를 키운 경험과 성현의 말씀을 궁구하여 집안 대대로 전해 아녀자들로 하여금 거울로 삼게 하려고 만든 책이다. 이 책(배병철 해석본)의 4장 14절, 태교胎教 총결總結 부분을 며느리의 만삭 사진 아래 댓글로 써 보내면 어떨까 생각 중이다.

뱃속의 아기는 모체와 탯줄이 이어져 있어서 어머니의 호흡에 따라 움직이므로
어머니의 기뻐하고 성내는 것은 아기의 성품이 되고,
어머니의 보고 들은 것은 아기의 총명함이 되며,
어머니의 춥고 따뜻함은 태아에게 체온이 되며,
어머니의 음식은 아기의 살과 피부가 되는데,
어머니가 어찌 조심하지 않을 수 있으리오.

(2016년, 『모악에세이』)

다락방에 머물던 시간들

부엌 위에 어둑하고 퀴퀴한 냄새가 나는 다락방이 있었다. 한쪽에는 어쩌다 쓰는 제기들과 주방용품, 돗자리와 병풍이 누워있고 철지난 옷이며 이불 보퉁이도 쌓여 있었다. 말하자면 우리집의 작은 실내 창고나 다름없었다. 허리를 숙이고 그곳을 드나드는 사람은 어머니뿐 아무도 관심을 두지 않는 공간이었다.

내가 다락방을 처음 엿본 초등학교 저학년 어느 날부터 그

곳은 심심할 때면 몰래 숨어들어 시간을 보낼 수 있는 내 비밀의 방이 되었다. 교과서도 대물림했고 대물림이 끝나면 다락방에 쌓아둘 정도로 종이 한 장도 귀하던 시절이었다. 언니, 오빠들이 쓰던 초·중·고 교과서와 노트들이 나를 다락방으로 유인한 물건들이었다. 손에 잡히는 대로 펼쳐 읽는 재미가 쏠쏠해 그곳에 한번 들어가면 시간 가는 줄 몰랐다.

햇빛이 들어오지 않는 방이지만 앞면에 좁고 긴 사각형 유리창이 붙어있어 간신히 글읽기가 가능한 밝기는 됐다. 나는 9남매 중 일곱째다. 나 하나 밀실에 처박혀 있어도 밥때 아니면 누가 찾지도 않았다. 색깔 그림이 많은 미술책도 좋았고, 사회·자연·도덕책도 좋았으나 단연 나의 흥미를 끄는 것은 읽을거리가 많은 국어책이었다. 다락방은 지적 호기심을 채울 길 없던 궁핍했던 시절에 그나마 선행학습 장소이기도 했다.

날이 가면서 다락방은 읽기만 하던 공간에서 점차 글쓰기 공간으로 지평이 넓어졌다. 야릇하고 몽롱한 즐거움을 주었던 언니, 오빠들의 일기나 편지 등을 흉내내기 시작했다. 방학숙제가 아니어도 난 일기 쓰기를 즐겨 했다. 초등학생 때부터 군대 간 오빠들에게 편지 쓰는 일과 답장이 오면 부모님 앞에서 큰 소리로 읽어 드리는 일은 내 몫이었다. 그 덕인지 수업 시간에 책 읽기는 자신 있었다. 국어시간이면 선생님의 칭찬에 으쓱해지고 학창시절 내내 국어 과목은 늘 기다려지는 시간이었다.

초등학교 때 받은 상품 중 가장 소중히 여겼던 물건은 국어사전이었다. 운동회 때 달리기 상으로 받은 연필이나 공책과는 차원이 다른 특별한 선물이었다. 가까이 두고 낱말 뜻 찾기를 놀이하듯 했다. 그렇게 손때 묻은 국어사전이 나의 가장 오랜 애장품이 되었다.

다락방에 머물던 시간들이 나를 알게 모르게 성장시켰다. 초등학교 졸업식 답사도 그곳에서 쓰고 연습했고, 중고등 시절 웅변 원고도 그곳에서 쓰고 연습했다. 다락방에 있던 헌 국어 교과서 속에 나오는 시, 소설, 생활문 등을 흥미롭게 읽던 나는 고등학교 때 문예부에 들어가 교지를 편집했다. 자연스레 대학 진학도 국어과를 선택해 국어교사가 되었다. 어쩌면 국어 과목과의 인연, 국어 교사의 운명은 그 어둑한 다락방에서 이미 잉태되었던 것이 아닐까. 남다른 재능은 없으되 한 우물 파는 성향과 학구열이 맞물려 교직 생활하면서 대학원에 들어가 국문학 공부에 매진하다 보니 아둔한 내게 문학박사라는 호칭도 붙게 되었다.

대가족 속에서 나 홀로 지낼 공간은 생각도 못하던 시절, 다락방은 내 꿈이 키워진 사색의 공간이요, 호기심을 채워주고 정신적 자양분을 공급해 주던 곳이다. 늦게나마 이렇게 내가 수필가연할 수 있는 원초적인 힘도 아마 어릴 적 다락방에 머물던 시간 속에서 빚어진 것이 아닐까.

(2020년, 『전북문단』 92호)

장모님
수난 시대

"아들만 둔 어머니는 요양원에서 죽고, 딸만 있는 집 어머니는 싱크대 밑에서 죽는다."는 우스갯소리가 있다. 딸을 잘 두면 비행기 탄다는 말도 이젠 한물갔나 보다. 여성들의 사회 진출이 많아짐에 따라 파생되는 일 중 가장 큰 일이 육아 문제이다.

아이 낳기를 권하는 사회, 많이 낳을수록 박수 받는 시대가 올 줄 예전엔 상상도 못 했다. 1970, 80년대만 해도 "딸, 아들 구별 말고 둘만 낳아 잘 기르자."는 표어가 곳곳에 나붙어 있었다. 맞벌이 부부이든 아니든 상관없이 애국자라면 모름지기 이대로 따라야 하는 것으로 알았다. 어쩌다 아이가 셋만 돼도 남들이 손가락질하지 않나 눈치보던 시대였다.

아들이 장가간 지 3년이 넘도록 아이 소식이 없어 무척 마음을 졸였다. 기다림 끝에 그야말로 눈에 넣어도 안 아플 손자를 보게 되었다. 그러나 산 넘어 산이었다. 아기 돌보는 일이 보통 일이 아닌 터, 한창 일할 나이에 일을 그만둘 수 없는 며느리는 아기를 안고 친정으로 들어갈 수밖에 없었다. 아들인들 처가살이한다는 말을 듣고 싶었겠으며, 며느리인들 친정어머니 고생시키고 싶었으랴. 그러나 눈 뜨고 코 베이는 서울살이에 아기를 믿고 맡길 사람이 친정어머니뿐이니 다른 도리가 없다는 것이다.

손자를 보고 싶어도 사돈집에 들락거릴 수도 없어 애만 태우고 있던 중이었다.

"아버지, 어머니! 은퇴하시니 심심하시죠? 주말에 아기 데리고 내려가도 돼요?"

아들이 우리 마음을 읽었는지 이제 막 돌이 지난 손자를 데려왔다. 걸음마를 배워 뒤뚱뒤뚱 걷는 모습이 여간 귀엽지 않았다. 잠자는 시간 외에는 쉴 새 없이 아장대고 다닌다. 넘어질

듯 말 듯 아슬아슬하지만 붙잡아 둘 수도 없다. 제 눈에는 보이는 물건마다 난생처음 것들일 테니 만져보고 눌러보고 입에 대보고도 싶겠지. 외가에서 자라는 손자는 우리 집에 와서도 낯가림없이 잘 먹고 잘 놀았다.

"아기한테 친할아버지, 친할머니 얼굴도 익힐 겸 자주자주 내려와야겠어요."

아들의 말이 살갑게 들렸다. 한동안 주말마다 거르지 않고 아기를 데리고 내려왔다. 부부 둘만 살던 생활패턴이 바뀌면서 주말의 이틀이 주중 닷새보다 길게 느껴질 만큼 할 일이 많았다. 손주는 예쁜데 몸은 고단했다. 아, 이래서 사람들이 손주는 오면 반갑고 가면 더 반갑다고 했구나, 이해가 됐다.

이젠 아들이 좀 뜸하게 오면 좋겠는데 노골적으로 말하면 서운해 할까봐 에둘러 표현했다.

"아들아, 매주 일요일마다 서울서 애엄마도 없이 내려와 아기 데리고 교회 가니까 남들은 부부싸움하고 별거하는 줄 알겠다."

며느리 일이 주말에 더 바쁜 터라 우리야 이해하지만 남들은 오해하기 딱 좋을 것 같았다. 그러거나 말거나 아들은 우리 집에 오면 더 편한지 이젠 아예 아기를 내게 맡기고 노트북 하나

들고 카페에 가 있기 일쑤다. 때로는 혼자 영화를 보고 오기도 한다. 매일 밤 손주 때문에 잠을 설치는 사돈 보기도 미안한데 내가 주말만이라도 돌보미 역할을 하면 미안함이 좀 덜어질까?

"장모도 인생 즐길 권리가 있다."로 시작되는 장모 5계명이 들어있는 '장모님 반란'이란 글이 장모들 사이에 한동안 회자되었다. 처가살이가 대세인 요즘, 고부갈등이란 말 대신 '장서갈등'이란 새로운 용어도 뜨고 있다.

"아들아, 내게 잘하려 하지 말고 부디 장모님께 효도하거라."

이것이 장모님 수난시대에 아들에게 꼭 당부하고 싶은 말이다.

청년 일자리 문제가 심각한 이때, 결혼을 안 하는 게 아니고 못 한다는 말이 나온다. 아이를 낳으려 해도 양육할 자신이 없어 안 낳는다는 말이 엄살이 아닌 것 같다. 맞벌이가 필수가 된 세대, 자식을 낳아 기르기가 녹록하지 않은 젊은이들에게 힘을 보태주고 싶지 않은 부모는 없다. 다만 노쇠해 가는 육신의 한계 때문에 주저할 뿐이다.

(2017년 9월 8일, 전북일보 금요수필)

서울로 간 호미

'K-homi' 생소하지만 자랑스러운 단어가 탄생했다. 바야흐로 유튜브 시대. 어떤 외국인 유튜버가 정원을 가꾸면서 한국산 호미를 사용해 식물을 심는 일, 잡초 제거하는 일 등에 두루 성능이 최고라는 영상을 유튜브에 올리면서 한국산 호미가 소문이 나기 시작했다고 한다. 온라인쇼핑몰에 'K-homi' 외국인 구매자가 계속 늘고 있다니 유트브로 인해 이젠 지구촌 사람들이 시간과 공간의 한계를 넘어 이웃과 소통하듯 살고 있음이 실감나는 현실이다.

> 호미도 날이 있지마는
> 낫같이 들 리 없습니다
> 아버님도 어버이시지마는
> 어머님같이 아껴주실 리 없어라
> 아, 사람들이여
> 어머님같이 아껴주실 리 없어라

아버지를 호미, 어머니를 낫에 빗대어 낫이 호미보다 잘 드는 것처럼, 어머니 사랑이 아버지 사랑을 능가한다는 내용의 고려가요 「사모곡思母曲」이다.

'엄마 아빠 중 누가 더 좋으냐?'는 질문은 말귀 알아들을 만한 꼬마들한테도 스트레스라고 한다. 부모 사랑의 경중을 따지거나 비교하는 것 자체가 무례한 일이긴 하다. 위 노래는 비유와 비교법을 사용해 어머니 사랑을 예찬하고 있다. 아마도 지은이는 아버지에 대한 원망이 남아있는 상태였거나, 아니면 아버지를 일찍 여의어 부성애를 모르고 모성애만 아는 사람일 수도 있다. 또는 겉으로 드러난 그대로 아버지 사랑에 비할 바 없을 정도로 지극했던 어머니의 사랑을 예찬하고 싶어서 만든 노래일 수도 있다.

그러나 현실에서 아버지 하면 낫, 어머니 하면 호미를 떠올렸던 나로서는 국어시간에 「사모곡」을 배우면서 고개를 갸우뚱하지 않을 수 없었다. 으레 하교 후에는 부모님의 일손을 도우러 논밭으로 나가는 게 당연한 일과였던 학창시절이었다. 벼 베기, 보리 베기, 콩대·깻대·고춧대 걷기, 고구마순 걷어내기 등 아버지는 주로 낫을 들고 서서 일하셨다. 반면에 어머니는 앉은 자세로 호미와 붙어 사셨다 해도 과언이 아닐 만큼 봄 파종 때부터 여름의 김매기, 가을 수확기까지 이 밭에서 저 밭으로 옮겨 다니며 호미를 놓지 않고 사셨다.

친정 부모님이 세상을 떠나신 지도 10여 년이 넘었다. 부모님이 안 계시니 고향집을 찾아갈 일이 없다. 사람 발길이 끊긴 집은 점차 폐가로 변해 날이 갈수록 흉측해져갔다. 어쩔 수 없이 집을 헐어야 했다. 주택 나이가 환갑을 넘었으니 쇠락할 때도 되었다. 초가를 헐어 내고 동네에서 제일 먼저 지은 기와집이었는데, 새 집이라고, 큰 집이라고 우쭐했었는데….

대문 한가운데 굳게 입다문 빗장을 풀고 들어서니 마당엔 잡초가 군데군데, 문짝도 틀어지고 마루판도 이 빠지고, 이 구석

저 구석 거미줄만 얼키설키한 가운데 제자리를 지키고 있는 것들은 추억뿐이었다. 빈 공간들은 추억의 시간들을 끌어안고 있었다. 우리 형제들의 온기 배인 방구들 자리, 고픈 배를 채워줬던 부엌방 시렁과 아궁이 자리, 어머니의 손때 묻은 장독들이 줄지어 있던 장독대, 아버지의 발길이 끊이지 않았던 헛간과 잿간, 그리고 돼지막이 있던 자리 등을 빙 둘러보았다.

인적은 끊겼어도 손바닥만 한 화단엔 여전히 꽃나무들이 살아 숨쉬고 있었다. 후박나무 옆으로 목수국이 제멋대로 뻗어 있었다. 그 밑에서 앉은뱅이제비꽃, 채송화가 반갑게 얼굴을 내밀고 알은체를 했다. 대문 옆 자갈 틈새엔 천년초라 불리는 노란 선인장꽃이 수문장처럼 집을 지키고 있었다. 그러나 일순간 포클레인은 인정사정없이 이 모든 것들을 깔아뭉개버렸다. 고향집이 사라짐과 동시에 이곳에 얽힌 추억들조차 지워지고 덮어진 것 같아 가슴이 먹먹하고 허전했다.

폐가를 밀어낸 자리에 고구마를 심었다. 고구마 넝쿨이 자리를 넓히기 시작했다. 유년의 추억들이 고구마 순에 뒤덮여 숨죽이고 있었다. 가뭄에도 고구마 순은 왕성하게 뻗어 잡초들이 고개를 들지 못할 정도였다. 땅속에 고구마란 놈이 마치 오래전부터 제자리인 양 옹골차게 들어앉았다. 애기 머리통만 하게 밑들었다.

11월 초, 내 생일에 서울에 사는 자식들이 내려온다고 해서 겸사겸사 농촌체험의 날로 정했다. 작년에는 분양받은 사과나무에서 사과따기 체험을 했다면, 올해는 손자에게 시골집 풍경을 보여주고 싶었다. 또한 농촌을 단지 목가적 풍경으로만 보아 넘기기 쉬운 자식들에게도 손에 흙을 묻혀보게 하고 싶었다.

고구마 몇 두렁 남겨두고 감나무의 감도 따기 쉬운 위치의 것들만 남겨 놓았다. 지방 도시에서 태어난 아들과 딸도 아마 처음 잡아보는 호미일 것이다. 더구나 서울 출생인 며느리나 사위는 밭고랑을 밟아보고 밭 흙을 만져 볼 일조차 없었을 테니 호미질도 물론 처음일 것이다.

온 가족이 호기심 반, 기대 반으로 호미를 들자 네 살배기 손자도 덩달아 덤벙댄다. 처음에 손자는 손바닥에, 바지에, 신발에 흙이 묻기만 하면 털어내기 바빴다. 「시골쥐와 서울쥐」 동화를 통해 '시골'이란 단어를 알게 된 손자가 이젠 '시골'하면 흙과 고구마, 감과 사과 등이 어우러진 농촌 풍경을 떠올릴 수 있을지 모르겠다.

농촌 인구는 계속 줄어들고 도시집중화 현상은 가파르다. 평생 호미 잡아볼 일이 없는 도회지의 삶에서는 땅의 소산물도 가격표 붙은 만큼만 대우받는다. 뭐든지 돈으로 사 먹으면 된다는 생각에 먹거리에 대한 고마움이나 농부의 수고로움을 잊고 사는 세상이 되어 버렸다. 매일의 양식인 쌀 미米자의 형태를 들여다 보자. 그 속엔 88번의 손길을 거쳐야만 비로소 한 톨의 쌀이 만들어진다는 의미가 담겨 있다. 농부의 수고로움이 쌀농사뿐이랴. 논일보다 밭일이 더 힘들다는 것은 부모님께 들어서도 알고 직접 경험해 보아서도 안다. 벼농사가 88번의 손길이 필요하다면, 밭농사는 그것의 배도 더 되게 손이 간다 해도 과언이 아니다. 여름 내내 뙤약볕 아래서 김매느라 어머니의 손은 호밋자루 닿은 부분마다 옹이가 박였다.

내가 교단에 서서 분필을 잡은 세월이 35년이라면, 어머니가 밭에서 호미를 쥔 세월은 몇 년이나 될까? 시집온 이래 돌아가시기 두어 달 전까지도 밭에 다니셨으니 계수해 보면 70여 년을 호미 잡고 사신 셈이다. 그렇다면 나한테 수업 받고 졸업하여 사회에 배출된 학생 수가 몇이나 될까? 곰곰 따져보면 대략 계산이 나올 법도 하다마는, 어머니의 호미 덕에 세상 밖으로 나온 곡물의 수효는 어찌 다 헤아릴 수 있으랴. 어머니의 손길을 거쳐 간 곡식 알갱이들을 한 줄로 엮는다면 지구 한 바퀴를 돌아도 모자라지 않을까.

사위의 자동차 트렁크에 꽉 차도록 고구마 상자, 감 상자를 실었다. 서울에 갈 때까지 부딪혀 멍들지 않도록 상자 속마다 빈틈없이 빵빵하게 채웠다. 서울까지 가는 기름값을 생각하면 시골 와서 감이나 고구마를 가지고 상경하는 것은 바보짓이다. 완전 밑지는 장사다. 그러나 고구마를 캐는 내내 피어난 웃음꽃은 돈으로 살 수 없는 행복바이러스였다. 고구마가 너무 커서 웃고, 못생겨서 웃고, 고구마가 잘 뽑혀 좋아라 웃고, 나오다 끊기거나 상처를 내면 미안스레 웃고, 캐다가 뒤로 넘어지면 웃고…. 내 유년의 추억 자리에 확장된 새 가족과 어우러진 새로운 이야깃거리가 얹어졌으니 이보다 풍성한 가을 축제가 또 어디 있으랴.

나의 행복감을 아는지 모르는지, "이렇게 비경제적인 일은 두 번 다시 안 했으면 해요." 틀린 말은 아니지만 아들의 말은 못내 서운했다. 자식들이 서울로 향한 지 몇 시간 뒤에 전화벨이 울렸다. 사돈이다. 서울에 애들 잘 도착했다는 전화려니 하고 받았다.

"아휴, 고구마 따라 호미가 서울까지 왔네요!"

쾌활한 안사돈의 말에 폭소가 터지면서 아까의 서운함은 금세 날아가 버렸다.

한국산 호미 'K-homi'가 출세해서 미국, 유럽까지 가는 마당에 아무렴, 서울인들 못 갈쏘냐. 서울로 간 호미 덕에 고구마 축제의 여흥이 서울까지 번졌으니 얼씨구나 좋구나!

(2020년 3월, 『수필과비평』)

제3부

천사의 가면

천사의 가면

문상을 갔다. 망자의 딸들이 꺼이꺼이 넋을 놓고 울고 있는데 조문객을 맞는 며느리인 그녀는 담담하였다. 그동안 우울증으로 오래 시달려 온 사람답지 않게 편안한 얼굴이다. 혹자는 표정관리도 못 한다고 나무랄지 몰라도 나는 그녀가 회복될 여지가 보여 약간 안도감이 들었다.

그녀는 조실부모하고 오갈 데 없는 18세 어린 나이에 보쌈당하다시피 나이 많은 한 사나이의 손에 끌려 시집을 왔다. 시집온 날로부터 지금까지 살아온 그녀의 이야기를 들어보면 조선시대 시집살이도 이보다 더했으랴 싶을 만큼 고단한 삶이었다. 그 어린 나이에 형제 많고 가난한 집 장손며느리 역할하기가 얼마나 버거웠을까. 도시 근교에 살면서 밭농사 지으랴, 수확한 농작물을 5일 장터에 내다 팔랴, 네 자녀 학교 보내랴, 시동생들 분가시키랴, 불같은 남편 비위 맞추랴, 시어머니 병시중들랴, 자신을 완전히 죽인 채 투명인간처럼 살아온 인생이다. 가정 내에서 한번도 주인공으로 살지 못하고 보조자로, 돌보미 노동자로만 존재해 온 셈이다.

"내가 죽일 놈이지. 유리 상자 속 인형처럼 예뻤던 각시인데…. 내가 너무 고생시켜 이 지경됐어. 우리 각시는 정말로 천사여!"

그녀의 우울증이 깊어진 후에야 그 남편이 고백한 말이다. "천사처럼 착하고 예쁜 색시"라는 호칭은 시집오던 날부터 그녀에게 씌워진 가면이었다. 그것은 또한 어린 색시에게 순종과 헌신을 강요하는 올가미였다.

언젠가 그녀와 나란히 앉아 이야기를 나눌 기회가 있었다. 나는 가볍게 안부인사 겸 올해 농사 어떠냐고 물어보았다.

"풍작이면 뭐해요? 재미가 있어야 살죠."

"아니, 막내딸까지 대학 들어갔고 이제 큰 짐은 다 덜었는데 왜 그런 말씀하세요?"

시답잖은 그녀의 반응에 내가 되물었더니 한숨 섞인 말을 내뱉었다.

"그간 살아온 세월도 지긋지긋한데 앞으로 살아갈 날은 더 까마득해 그만 죽고 싶어요."

그녀가 고개를 돌리는 사이에 언뜻 눈 가장자리는 떨리고 입술 옆으로 씰룩대는 모습이 보였다. 슬플 때 울 수 없으면 그 몸 속 다른 장기가 대신 운다더니 그녀의 아픔이 틱장애로 번진 상태였다. 그것을 감추려 한 손으로 입을 가리고 돌려 앉은 그녀의 어깨를 가만히 감싸 주었다.

세찬 비바람에 끝내 중심을 잡지 못하고 쓰러져 가는 여린 풀꽃 같은 그녀, 그녀를 괴롭히던 우울증은 고왔던 얼굴빛도, 표정도, 삶의 의미도 빼앗아 갔다. 강박에 가까운 천사의 가면에 눌려 그녀의 '참자아self'가 안에서 곪아가고 있었던 것이다. 그녀에게 말해주고 싶었다. 지금까지 충분히 착하게 살았으니 이젠 천사의 가면을 벗어던지라고.

칼 구스타프 융은 "인간은 천 개의 페르소나를 지니고 있어 상황에 따라 적절한 페르소나를 쓰고 관계를 이루어간다."라고 했다. 사람은 어느 면에선 모두 다중인격자이다. 주어진 환경에 적응하고 사회에서 인정받기 위해 유연하게 가면을 바꿔 쓰며 생활해 나간다. 성인군자가 아니고서야 대인관계상 가면을 안 쓰고 살 수는 없다. 또 모든 가면이 다 나쁜 것만도 아니다.

맥스 비어붐Max Beerbohm이 쓴 「행복한 위선자」라는 단편소설이 있다. 성품이 부도덕하고 외모는 험악한 조지 헬이 여러 번의 구애에도 끄덕하지 않는 여성에게 청혼하기 위해 감쪽같이 성자의 가면을 만들어 쓴다. 이름도 조지 헬hell에서 조지 헤븐heaven으로 바꾸고 그 여성과 드디어 결혼을 하게 된다. 행복한 가정을 이루고 사는데, 이를 시기한 사람(조지 헬의 옛 애인)이 부인 앞에 나타난다. 그리고 헬이 가면을 썼다는 사실과 헬의 좋지 않은 과거사를 낱낱이 폭로한다. 아내는 믿을 수 없다며 남편의 진짜 모습을 확인해보려고 남편의 가면을 벗겨버리고 만다. 그런데 놀랍게도 벗겨진 남편의 얼굴은 가면과 꼭 닮은 성자의 모습 그대로였다.

이것은 다양한 모습의 페르소나 중 긍정적으로 성장시켜 주는 좋은 페르소나 모델을 제시한 소설이다. 타인에 의해 강요

된 페르소나는 한낱 자아를 속박하는 콤플렉스일 뿐이다. 건강한 삶은 내가 간절히 원하는 이상적인 페르소나를 품고 사는 것이다. 그러기 위해서는 나와 내 속의 나self와도 소통의 시간이 필요하다.

어쩌면 인생이란, 가면을 적절히 바꿔 쓰고 살아가면서 진정한 자아를 찾아가는 과정이라 할 수 있다. 불교 용어 '훈습熏習'의 의미처럼 좋은 향을 품어 스며들고 배어들게 하다 보면 가면과 내가 어느새 한살처럼 닮아져 있는 날이 오지 않을까?

내 생애 끝에 누군가 내 가면을 벗겼을 때, 가면과 내가 너무 동떨어진 모습이 아니었으면 좋겠다. 타인에게 보이는 나와 참나 사이의 간극, 그 거리 좁히기는 인생 수행을 위한 평생 과업이려니.

(2019년, 『모악에세이』)

선배가 달라졌어요

스스로 우울증 환자라고 말하는 선배와 오랜만에 통화를 했다. 선배의 목소리가 예전과 다르게 밝았다.

"목소리 들으니 좋은 일 있나 봐요?"

"좋은 일은 무슨? 그냥 안부전화 했지."

좋은 일 있으면 같이 나누자 하니 기다렸다는 듯이 복지관 이야기를 꺼냈다.

"거울에 비친 내 모습도 꼴 보기 싫은데 늙은이들만 바글바

글한 곳에 처음에 안 가려고 했지. 친구 손에 억지로 끌려갔는데 말이야. 의외로 재미있는 프로그램이 있더라고."

구청에서 운영하는 '시니어 자서전 쓰기' 프로그램을 두고 하는 말이었다.

"학교 다닐 때는 글짓기 숙제라면 엄청 싫어했거든. 그런 내가 이 나이에 과연 글을 쓸 수 있을까? 나처럼 아무것도 내세울 것 없는 평범한 사람도 자서전의 주인공이 될 수 있을까? 처음엔 자신이 없어 많이 망설였지. 지도해주는 강사님이 남 의식하지 말고 일기장에 일기 쓰듯 생각나는 대로 쓰라는 거야."

선배의 목소리 톤이 점점 높아지고 어찌나 힘찬지 우울증 약을 먹고 있다는 말이 거짓말 같았다. 들뜬 말소리는 계속되었다.

"내 평생 글 잘 쓴다는 칭찬을 처음 들어보았네. 한두 장 쓰다 보니 쓸 말이 봇물 터지듯 나오는 거야. 눈물, 콧물 섞어 썼지. 신통하게도 쓰고 나니 속이 후련해지네. 또 하나 좋은 점은 어린 시절부터 지나온 날들을 죽 되짚다보니 인생을 두 배로 늘려 사는 느낌이야."

몇 년 전, 남부러울 것 없이 살던 선배네가 모든 것을 잃고 들어앉을 방 한 칸 없는 신세가 되고 말았다. 동업하던 친구의 배신으로 잘나가던 사업이 하루아침에 물거품이 된 사연과 그

뒷이야기만 써도 눈물로 얼룩진 한 권의 책이 될 것이다. 이제 좀 나아진 상태에서 인생의 고비마다 도와 준 이들을 떠올리며 감사의 눈물도 흘렸을 것이다. 물론 아직 삭지 않은 분노가 올라와 글 쓰는 동안 몸서리치는 아픔도 견뎌내야 했을 것이다.

'배신背信'이란 '신의를 등진다'는 사전적 의미가 말해주듯, 으레 믿었던 사람에게 당하게 돼 있다. 누구나 지나온 삶을 뒤돌아보면 지우고 싶은 시절, 잊고 싶은 사람이 있을 것이다. 그 부분을 건들면 수면에 가라앉았던 어두운 감정들이 최루탄 맞은 것처럼 삽시간에 일어나기 때문에 건들고 싶지 않을 뿐이다. 정도의 차이는 있겠지만 살면서 억울하고 분통 터지는 일을 겪어보지 않은 사람은 없을 것이다. 나처럼, 선배처럼 크게 배신을 당해 본 사람은 안다. 배신자에 대한 실망을 넘어 그런 배신자를 맹신한 자신의 어리석음을 한탄하다가 결국에는 자기 자신을 학대하면서 우울감에 빠질 수 있다는 것을. 나도 크게 당해 본 경험이 있기에 선배의 고통을 이해할 수 있었고 하소연을 들어줄 상대가 될 수 있었다.

평범하게 보이는 사람은 있을지언정 평범한 삶은 없다고 한다. 누군가에게 말을 쏟아놓지 않으면 가슴이 터질 것 같을 때 옆에 들어줄 사람만 있어도 견뎌낼 수 있다. 이야기를 털어놓다 보면 일명 '수다의 효과'가 발휘되어 억압된 감정이 자기도 모르게 풀어지게 된다는 것이다. 점차 개인주의가 팽배해지면서 자기만의 성안에 갇혀 살다 고독사를 선택하는 자, 자존감의 결여에서 오는 우울증 환자 등이 늘고 있는 추세이다. 우울증은 선진국에서 가장 흔한 정신질환이다. 오죽하면 영국에서는 2018년도에 '외로움 담당 장관'을 내세웠을까.

니체는 '자기존중감'이야말로 각자의 삶을 완성시키기 위한 첫걸음이라 했다. 자존감을 회복하는 수단으로 자전적 글쓰기만큼 효과 좋은 것은 없다는 것을 직접 경험으로 알았다. 현재 외롭고 힘든 사람이 있다면 자존감을 회복하는 데 도움이 되도록 권하고 싶은 말이 있다.

"낙서하듯 자신에게 편지글을 써보라. 그리고 그것을 소리내어 읽어 보라. 그 속에는 내 이야기를 들어줄 청자가 있다. 이 청자는 하늘이 두 쪽 나도 배신하지 않으며 어떤 친구보다 끈기있게, 진지하게 내 말을 들어주기 때문에 깊이있는 대화가 가능하다. 이것들이 모아져서 자서전의 모태가 될 수도 있다."

선배의 눈물로 쓴 자서전이 그의 몸과 영혼을 치유해준 구원자 역할을 했음에 틀림없다. 그동안 억눌러 둔 감정이 북받쳐 암울한 것들을 울음으로 토해냈을 것이다. 고통이 승화된 눈물방울은 막힌 가슴을 후련케 하는 순수 알갱이들이었을 것이다. 어쩌면 혼자 감당하기 어려운 절망과 배신감을 나만 아는 독자에게 쏟아놓으면서 아픔이 반감되었을 것이다. 선배의 밝은 목소리에 분명 실려 있었다. 실로 오랜만에 우울의 긴 터널을 빠져나왔다고.

나의 첫 문집『거꾸로 가는 시간 속에서』도 나의 60년 생애가 응축된 자전적 수필집이다. 글감을 찾느라 지난날을 반추하다 보니 복잡한 감정들이 올라왔다. 기쁜 날, 좋은 날보다 아프고 슬픈 날 그리고 후회스런 날들이 울퉁불퉁 마디를 이루고 있었다. 어려운 고비를 넘길 때마다 어김없이 도드라진 매듭이 있었다. 대나무는 성장하다가 적절하지 않은 환경에 처했을 때 성장이 멈추면서 마디가 생긴다고 한다. 대나무가 강풍에도 쓰러지지 않는 것이 이 마디 때문이라면, 오늘의 나의 나됨도 이 볼품없는 생채기들 덕분이라는 것을 글을 쓰면서 재확인하였다.

알몸을 내보이는 부끄러움을 무릅쓰고 낸 수필집, 한편으론 내 인생의 어지러운 뒤안길을 가지런히 정리정돈해 놓은 듯 개운한 느낌도 들었다. 무엇보다 의미로운 것은 수필을 쓰는 동안이 무너진 내 자존감을 회복시키는 황홀한 진통의 시간이었다는 점이다.

촌닭들의 땡볕나들이

"촌닭, 관청에 잡아다 놓은 것 같지 않냐?"

골프 가방을 멘 어깨를 들썩이며 한 친구가 말했다. 파크골프채 구경도 처음인 친구들이 필드에 나왔으니 어색할 만도 하다. 친구들에 비해 이미 골프 경험이 있는 내가 바람을 불어넣고 파크골프채를 단체로 구입하고 나서 처음으로 필드에 나온 날이다.

"촌닭이 관청 닭 눈 빼먹기도 한다니까 열심히들 해봐!"

내가 졸지에 관청 닭 되어 파크골프 레슨까지 해주어야 할 판이다.

이름도 정겨운 '생강골 공원'에 모인 친구들은 마치 소풍 나온 유치원생마냥 들떠있었다. 공원이 시내에서 떨어진 곳에 있어 한적하고 쾌적한 느낌이었다. 입장료에 비해 잔디 상태도 좋고 주변 환경이 깔끔했다. 게다가 크고 작은 나무들이 알맞게 어우러진 가운데 개망초, 꽃창포, 쑥부쟁이, 금계국 등 여름꽃들이 조화롭게 피어 있었다. 허물없는 여고시절 친구들이 모처럼 모이다 보니 할 이야기는 차고 넘쳤다. 여름 땡볕 아래서 공치는 것에 집중하기보다 수다 떨기에 바쁜 친구들, 실수 때마다 터지는 웃음보따리에 꽃무리조차 홍겨운 듯 제몸을 흔들어 댄다.

골프 기원설은 분분하다. 일설에 의하면 15세기 스코틀랜드의 한 목동이 손에 쥐고 있던 지팡이로 돌멩이를 세차게 친 것이 우연히 토끼 굴속으로 들어간 데서 게임 룰이 만들어졌다고 한다.

운동을 좋아하는 남편과 은퇴 후 취미생활을 같이해 볼 요량으로 늦게야 골프를 시작했다. 골프채 잡은 지 3년이 넘으면 일찍 배운 사람이나 늦게 배운 사람이나 실력이 엇비슷해진다는 말에 용기를 갖고 덤볐으나 말대로 되는 게 아니었다. 3년이 지난 지금도 난 골프의 매력을 모르면서 그냥 따라다니는 수준이다.

모든 운동의 성과는 그날의 컨디션과 깊은 관련이 있다. 골프도 예외가 아니다. 공치는 날의 기분, 공치는 순간 바람의 세기나 방향, 주변의 소음, 잔디의 결, 그림자에도 영향을 받는 아주 예민한 운동이다. 내 경우 몸의 컨디션이 최상이어도 될까 말까인데 필드 예약이 잡힌 전날 밤은 매번 잠을 설치곤 한다. 비몽사몽간 제발 비라도 와서 새벽에 눈뜨면 '예약 취소' 문자가 단톡방에 들어와 있기를 빈다. 골프 동행자들이 이런 내 속을 들여다본다면 재수없는 인간이라 욕할지 모르지만 어쩔 수 없다. 이렇게 필드 나갈 때마다 스트레스 받느니 일반 골프에서 서서히 발을 빼야겠다고 생각할 즈음에 '파크골프'라는 것을 알게 되었다.

'파크골프'는 공원park와 골프golf의 합성어이다. 일본에서 1983년 당시 도시녹화사업 일환으로 공원이 많이 조성되면서 시작되었다고 한다. 장수 노인이 많은 일본은 일찍부터 노인복지에 관심이 많았다. 이 운동은 체력에 부담을 주지 않기 때문에 노인들 사이에 인기가 높다. 그 여파로 확산 속도가 빨라져 오늘날 세계 어디서나 즐길 수 있는 스포츠가 되었다. 공원을 이용한 미니골프, 역시 축소지향형인 일본인다운 발상이라 여겨진다.

파크골프는 일반 골프에 비해 시원하고 통쾌한 맛은 없지만 장점이 더 많다. 골프채 하나, 공 하나면 준비 끝이다. 우선 골프장 규모가 작다 보니 도심 가까이에 만들어져 있어 교통 편의성이 좋다. 공이 높이 뜨지 않고 굴러가기 때문에 경기 도중 사람이 공에 맞을 위험성이 적다. 레슨 받을 필요가 없이 누구나 시작 첫날부터 필드에 나갈 수 있다. 예약 같은 번거로움도 없다. 그 무엇보다도 큰 장점은 돈이 안 든다는 점이다. 그야말로 서민적이고 대중적인 스포츠다. 또한 걸을 힘만 있으면 누구나 할 수 있으니 노년에도 지속 가능한 운동이다. 이런 장점들을 늘어놓으며 파크골프 예찬론자가 된 내가 친구들을 파크골프장으로 불러들인 것이다.

생강골 공원의 그리 넓지 않은 공간을 요리조리 이용해 36홀짜리 파크골프장을 예쁘게도 꾸며놓았다. 36홀을 다 돌고 나오는데 두 시간 남짓 걸렸다. 사부작사부작 푸른 잔디 위를 걸으며 웃고 즐기느라 더운 줄도, 시간 가는 줄도 몰랐다. 만일 땡볕에서 단순히 걷기로만 두 시간 채우려면 얼마나 팍팍하고 무료했을까.

운동 끝에 간식 시간이다. 부지런한 친구가 그날 새벽에 일어나 만들어왔다는 팥죽이 제일 인기였다. 마파람에 게 눈 감추듯 먹어치우고는 서로 입언저리에 묻은 팥죽 자국을 보며 깔깔거렸다. 행복한 노년을 보내기 위한 필수 조건 중 하나가 친구라고 한다. 어떤 농담도 걸릴 것 없이 편한 친구들, 이렇게 푸지게 웃고 떠들 수 있는 친구들이 가까이 있다는 게 얼마나 소중한 자산인가.

얇은 여름옷으로는 더이상 감출 수 없는 군살타령하면서도 과일, 떡, 부침개 등 내놓는 족족 없어졌다. 자칭 해묵은 촌닭들이라고 몸매 관리를 포기했지 싶다. 운동 나온 것인지 소풍 나온 것인지…. 노글노글해진 몸에 포식까지 했으니 오늘밤은 집에 도둑이 들어와 떠메가도 세상 모르고 잘 것 같다. 아, 더 이상 바랄 것 없는 충만함이여!

(2021년, 『모악에세이』 제20집)

이별독서

서재에 책들이 넘친다. 빼곡한 책장에 수필가로 등단한 이후 문인들이 보내준 문집들이 자꾸만 쌓여간다. 저자 입장에서 이 문집은 자신의 영혼을 쏟아부어 만든, 그래서 값을 매길 수 없을 만큼 소중한 자산이다. 저자의 피와 땀과 수많은 밤의 고뇌가 절절히 배인 분신이자, 순연히 독자를 위한 헌물獻物이다. 저자의 노고뿐 아니다. 원고가 출판사로 넘어온 다음, 한 권의 책이 세상에 나오기까지 얼마나 많은 사람들의 수고로운 손길을 거쳐야 하는지 내가 수필집 출간을 해 보고 나서야 알았다. 그래서 저자를 개인적으로 잘 알든 모르든 보내온 책은 성심을 다해 읽어야 한다는 책무감을 느낀다. 더구나 작가의 서명 사인까지 있는 책은 더욱 신경이 쓰인다.

저자로부터 책을 받은 사람이 지켜야 할 최소한의 예의는 무엇일까? 단순히 '책 보내주셔서 감사합니다.'라는 인사말은 저자의 노고에 비하면 너무 얇은 겉치레 인사다. 저자의 진정한 바람은 오직 잘 읽어주는 것, 그 이상도 그 이하도 아닐 것이다. 어떤 독자는 간단한 독후감까지 곁들여 감동을 전하기도 한다. 나도 이런 친절하고 성의 있는 독자가 되고 싶었다. 그러나 그걸 실천한 책은 몇 권 안 된다. 게으름 부리다 한두 편 읽고 쌓아둔 책이 자꾸만 늘어간다.

우리 집 책장이 포화상태인 걸 알기라도 한 듯 남편의 친구가 책 좀 보내달라는 부탁을 해 왔다. 은퇴 후 산수 좋은 곳에 전원주택을 짓고 그 옆에 손님 받을 펜션을 지었는데 손님들이 가볍게 읽을 만한 책이 있으면 좋겠다는 것이었다. 그러마고 선뜻 대답부터 해놓고, 몇 달이 지나도록 책을 끌어안고 못 보내고 있다. 집안 정리하는 차원에서 쓰레기 처리하듯 책을 떠넘긴다면 먼저는 내 자신에게, 그 다음에는 작가에게, 그 다음은 펜션 주인에게 양심 불량한 짓 아닌가. 이런 찜찜함을 덜어내기 위해서라도 일단 내가 완독한 책 중에서 적절한 책을 골라 보내기로 마음먹었다. 쌓아둔 책을 숙제하듯 열심히 읽었다.

다시 되돌아오지 않을 곳으로 이사 보낼 생각을 하니 진심어린 작별을 하고 싶었다. 이름하여 이별독서! 시험 날짜가 임박한 학생마냥 집중해서 읽었다. 한 권씩 읽기가 끝난 책을 손으로 어루만지고는 상자에 담았다. 음식을 곱씹듯 집중하여 읽다보니 정서적 포만감으로 마냥 행복했다. 또한 작가에 대한 최소한의 예의를 지킨 것 같아 흐뭇했다. 아, 이런 이별독서법도 나쁘지 않구나.

문득 학창시절 친구의 자습서를 딱 하루만 빌려 달라고 통사정하여 공부하던 기억이 떠올랐다. 당시 자습서를 살 여유가 없었던 나에게 시험을 앞둔 하룻밤의 독서는 절실함 그 자체였다. 자습서를 애지중지 다루며 달달 외다시피 했다. 날이 새면 내 손에서 떠날 자습서, 어쩌면 자습서 주인보다 더 꼼꼼하게 공부했을 것이다. 그때의 자습서를 공부하듯 떠나보낼 책을 집중해서 읽었다. 책과의 이별도 이별은 이별이다. 이별 앞에서는 누구라도, 무엇이라도 절박하고 안타깝고 소중한 것임을 새삼 깨달았다.

결핍이 창조를 만든다. 글쓰기란 쓰면 쓸수록 어렵고, 완벽한 완성이 없는 작업이다. 글쓰기 수업을 자작으로 하다보니 남의 글, 잘 쓴 글을 많이 읽는 것이 가장 좋은 스승이라는 걸 알았다. 이 깨달음 이후 남의 글을 대하는 태도가 이전과는 많이 달라졌다.

수필 쓰기 전에는 빠르게 통독하며 주제 찾기에 급급한 글읽기였다면, 수필을 쓰기 시작한 이후부터는 저자의 개성적인 문체나 감칠맛나는 표현 등에 주목하게 된다. 문장을 음미하며 천천히 읽어가는 버릇이 생겼다. 플로베르의 '일물일어설一物一語說'이 떠오를 만큼 적확한 표현을 만나면 감탄하느라 읽는 속도가 더 느려진다. 또 아리송한 어휘가 나오면 기어이 사전을 찾아 정확한 의미를 확인하고 넘어간다. 부지불식중에 글쓰기를 염두에 둔 새로운 독서법이 내 안에 자리잡은 것이다. 건성으로 읽을 때는 보이지 않던 아름다운 우리말 어휘, 참신하고 상큼한 비유, 촌철살인의 메시지에 내 눈이 빛난다. 때로는 메모까지 해가며 읽다 보니 책과의 작별 시간이 자꾸만 유예되었다. 이런 내 속사정도 모르고 남편은 책만 쌓아두고 왜 안 보내느냐고 재촉한다.

내가 보낼 책들이 펜션으로 이사 가서 과연 어떤 대접을 받을까? 현대인들은 대부분 치열한 경쟁 사회 속에서 살아남기 위해 스트레스를 받으며 살고 있다. 그러다 휴일이면 지친 심신을 풀어놓으려고 일터나 집터에서 멀리 떨어진 곳을 찾아 나선다. 일상의 탈출을 꿈꾸며 휴일에 펜션을 찾는 이들에게 과연 이런 문집이 눈에 들어올까? 내 집에서 이사간 책들이 그저 펜션의 책장 장식용으로 붙박여 있지나 않을까 괜한 걱정이 앞섰다. 밝은 쪽으로 생각을 돌렸다. 단 한 명이라도 좋으니 부디 진정한 애독자를 만나길 소망하면서 책을 상자에 차곡차곡 담았다.

어쩌면 남들에게 보낸 나의 수필집도 어딘가에 처박혀 숨죽이고 있을지 모른다. 그럴 바에야 내 책도 누군가의 이별독서 목록에 끼여 새로운 독자에게 재발견되는 행운이 깃들면 좋겠다. 어느 살뜰한 애독자의 소유물이 되어도 좋지만 이렇게 이별독서를 거친 후 여러 사람의 공유물이 되는 운명도 나쁘지 않을 것이다. 저자의 숨결과 영혼이 깃든 글 한 편이, 아니 어느 한 구절이 누군가의 가슴에 잔잔한 울림을 줄 수 있다면, 이것이 바로 글 쓰는 자들의 공통 바람이 아니겠는가.

(2017년 7월, 『수필과비평』)

냉장고,
잠깐 멈춤

"역시 우리나라가 최고야."

"뭐니뭐니해도 내 집이 제일 편하지."

해외여행 등으로 장기간 집을 비우다가 돌아올 때면 되풀이 하는 말이다. 지친 몸으로 편안함을 고대하고 들어선 집안, 아파트 현관문을 여는 순간 퀴퀴한 냄새가 수상쩍다. 원인은 냉장고 고장, 냉동실에 있는 것조차 조금씩 녹는 중이었다. 비상사태다. 곧바로 서비스센터에 연락했으나 당일 예약은 이미 끝났다고 한다. 다음날 오전 9시 이후에나 수리 기사 방문이 가능하다는 상담원의 말은 어찌 그리 냉정하게 들리는지. 이제 한낮인데 내일까지 기다리라니, 이 사태를 어찌하라고? 아무리 사정해 봐도 예약자 순서대로 일처리하는 게 원칙이라는데 더 할말이 없었다.

냉장고 안의 것은 다 버리기로 하고 냉동실을 열어 젖혔다. 오래된 고깃덩이, 떡덩이, 동태까지 언제 먹다 남은 것들인지 모르겠다. 굴풋할 때 요기가 됐던 홍시들, 뜯어진 초콜릿 박스, 마늘씨 짓찧어 조각내 놓은 것, 김장하고 남은 양념 주머니, 이 모양 저 모양 비닐에 싸인 온갖 것들로 냉동실이 꽉 찼다. 과부하가 고장의 원인이었을까? 참 한심한 살림 솜씨를 이제 후회해 본들 어쩌랴.

고향 동네는 내가 고등학교 다닐 적에야 전깃불이 들어왔다. 그때까지 냉장고를 모르고 살았다. 여름철이면 깊은 우물 속에 큰 플라스틱 통이 매달려있던 기억이 난다. 그 속에 든 시원한 열무김치에 보리밥 먹던 시절엔 음식이 자주 상했다. 쉰내 나는 음식들은 돼지 구정물통 속으로 들어가 돼지밥이 되곤 했다. 김장철이면 김치 항아리를 땅속에 묻어두고 꺼내 먹던 일

등 냉장고 없던 시절의 생활상이 아직도 눈앞에 생생하다.

오늘날 냉장고로 인해 식생활은 비할 수 없이 편리해졌지만 이웃 간에 음식을 나누던 미덕은 사라지고 대신에 '쟁이'는 욕심만 불어났다. 필요할 때 빼 쓰려고 은행에 돈은 넣어두듯 냉장고가 생기면서부터 우리는 한꺼번에 많이 사서 오래 보관하는 데 익숙해졌다. 잔고가 넉넉한 통장처럼 빵빵하게 채워진 냉장고는 언제든 우리의 식욕을 만족시키려 먹거리를 대령하고 있다. 게다가 냉동실은 게으름과 건망증이 저당 잡힌 곳이다. 장기복리도 붙지 않건만 뭐든 일단 냉동실에 들어갔다 하면 몇 주일, 몇 달씩 잠재우기 일쑤다. 규모 없이 사는 나만 그런가?

냉동 칸들이 좀 헐렁해지면 냉장고 정리정돈 좀 해야지, 맨날 벼르기만 하고 미적대는 꼴을 냉장고가 더이상 봐줄 수 없다고 이참에 으름장을 놓은 것이다. 여행에서 돌아오던 때가 코로나19 확산 초기라서 바깥나들이를 삼가고 자진해서 '방콕(?)'에 들어갔다. 며칠간 시장에 가지 않고 냉동실에 있는 것만 파먹고 살아도 견딜 만했다.

한편 냉장실에서는 커다란 짐승을 잡았을 때 뱃속에서 끄집어 내놓은 내장처럼 질펀한 음식물들이 쏟아져 나왔다. 동물의 내장을 떠올리다가 갑자기 극도로 절제된 절간의 식사 모습이 떠올랐다. 자신의 밥그릇, 국그릇을 다 비우고 마지막엔 그 그릇을 물로 헹궈 마시던 스님들의 소박하고 정갈한 발우공양은 하나의 거룩한 의식 같았다. 우리들도 스님처럼 밥 한 톨, 반찬 한 조각 남김없이 먹는다면 '잔반'이란 단어는 사전에서 없어져도 좋을 것이다. 지구 한편에서는 비만으로, 다른 한편에서는 기아로 고통스러워하는 사람들이 공존하는 지구촌이다. 냉장고의 음식물들을 일말의 죄책감도 없이 몽땅 음식물 쓰레기통에 버리면서 절제나 극기를 주제로 글을 쓰고 있다니, 나는 얼마나 무책임하고 뻔뻔한 글쟁이인가.

더 큰 소유는 더 많은 소비를 부른다. 그러함에도 집 이사할 때 평수를 늘려가듯 냉장고를 바꿀 때마다 용량이 더 큰 것으로 교체하는 것을 당연시했다. 자식들이 출가해 식구 수는 줄었어도 냉장고는 여전히 비만이다. 시간이 돈인 세상에 저장 공간이 넓어야 시장에 덜 가니 경제적이라는 편견과 이기적 편의주의에 길들여진 사고가 나를 지배하고 있기 때문이다. 소유물이 크면 클수록 좋고, 많으면 많을수록 행복하다는 소비 천국의 광고에 부화뇌동하며 살고 있는 것이다.

포스트코로나시대를 위해 과연 우리가, 아니 내가 삶의 방식을 바꿀 수 있을지 의문이다. 자신이 없다. 그렇다고 언제까지 미루고 머뭇거릴 것인가. 아침에 일어나자마자 창문을 열까 말까를 고민하며 그날의 미세먼지지수부터 체크하는 일을 도대체 언제까지 계속해야 하는가? 경제성장을 향한 무한질주를 멈춰야 사람조차 편한 숨쉬기를 할 만큼 막다른 골목에 우리가 서 있다. 공기, 토양, 물의 오염이 극에 달해 몸살을 앓는 지구의 아픔은 곧바로 인간의 질병으로 이어진다. 미래 우리의 후손을 위해, 아니 당장 코로나19 위기를 극복하기 위해서라도 삶의 방식이 달라져야 한다. 더 큰 소유와 더 많은 소비로 행복을 사려는 일그러진 욕망을 벗어던질 각오를 해야 한다.

"책상 하나와 의자 하나, 과일 한 접시 그리고 바이올린. 사람이 행복해지기 위해 이 외에 무엇이 더 필요한가?"라고 말한 앨버트 아인슈타인. 그는 탁월한 과학자를 넘어 소유의 삶보다 존재의 삶이 얼마나 소중한지 아는 지혜자이다. 보이는 것은 단출하되 정신적인 것은 충만한 가운데서 행복을 찾는 멋진 사람이다.

이젠 성장과 풍요를 향해 치닫던 엔진 동력을 '우선 멈춤'시키고 소박, 나눔, 공존을 향한 '방향 전환'이 시급한 때이다. 이것이 소유의 삶이 아닌 존재의 삶으로 나아가는 지름길이 될 것이다.

(2020년, 『전북문단』 91호)

낀세대의 밥상 고찰

아들과 손자가 거의 주말마다 서울에서 내려온다. 손자는 기차 타는 재미로, 아들은 효도한다고 온다. 분가한 자식도 오면 반갑지만 손님이다. 손님 접대하는 나는 각기 다른 3세대의 밥상이 신경 쓰인다. 오면 반갑고 가면 더 반가운 손자가 제일 어려운 손님이다.

"할머니네는 왜 햄이 없어요? 최고 맛있는 반찬인데."

식탁에서 투정하는 손자를 어르고 달래느라 가상인물 '악동

김철수'만 여러 번 혼쭐난다. 김철수는 햄 반찬만 먹다가 머리가 멍청해졌다, 키가 안 큰다, 김철수네 엄마가 속상해서 병이 났다 등. 김철수 이야기에 순해진 손자는 햄을 포기하고 내가 주는 대로 골고루 먹는다. 때로 그것도 영 안 통하는 날에는 여섯 살배기 손자 꽁무니를 쫓아다니며 한 순갈씩 떠먹이는 노동도 내 몫이다.

'누구나 밥을 맛있게 먹는 비결이 있다면?'

'배고플 때 먹고, 여럿이서 먹어라!'

누가 만든 말인지 참으로 명쾌한 정답이다. 그러나 배곯으며 끼니 걱정하는 시대도 아니고 핵가족이 분화돼 나홀로족이 증가하는 요즘에는 현실성이 없는 말이다.

우리는 일제와 전쟁의 수렁에서 초근목피로 견뎌온 부모세대와, 다이어트 걱정에 먹을 걸 쌓아두고도 일부러 안 먹는 신세대 사이에 낀세대이다. 우리 베이비부머들은 대체로 형제 수는 많은데 먹을 것은 부족했던 어린 시절을 거쳐 왔다. 그러하기에 부모세대만큼은 아니어도 대체로 배고플 때 먹고 여럿이서 먹으며 자랐다. 세끼 쌀밥 먹고 사는 것이 자랑이었던 시절, 그때는 밥맛이 없다는 말이 무슨 말인지 몰랐다. 둥그런 상에 놓인 여러 개의 밥주발 중, 밥이 조금이라도 많이 담긴 그릇을 차

지하려고 눈치싸움하던 때였으니 '반찬투정'이란 말은 우리에게 사치스런 단어였다

모든 게 빠르게 변화하는 시대에 음식문화도 많이 달라졌다. 현대 직장인들의 다양해진 식생활을 단적으로 말할 수는 없지만, 요즘 젊은이들 중에 세 끼니에 목숨 거는 이는 별로 없는 것 같다. 아침엔 빵 한 조각에 커피나 우유로 때우고, 이른 점심으로 점찍고, 저녁은 대개 회식 자리에서 해결하고 귀가한다. '아점'이니 '점저'라는 신조어가 나올 만큼 삼시세끼의 경계가 허물어지고 있다. 이러한 때 세끼 밥을 고집하는 사람은 시대에 뒤떨어진 뒷방 늙은이 취급당하기 십상이다. 그러거나 말거나 남편은 삼시 세끼 정해진 시간에 밥을 먹어야 하는 사람이다. 육칠십 년 길들여진 습관이니 바꿀 수 없다.

늘 시간에 쫓겨 사는 아들, 주말이라도 여유롭게 세끼 밥을 먹으면 좋으련만 아침에 느지거니 일어나 하루 두 끼로 만족한다. 혹시 출출하면 배달 야식하면 된다고 한다. 편한 것과 좋은 것은 다르다. 신세대들이 많이 찾고 의존하는 배달 음식, 간편식, 야식 등이 편하긴 해도 글쎄 영양면이나 위생면에서 집밥과 같을까? 난 달갑지 않다. 환경공해가 심각한 이때, 먹고 나면 수북하게 쌓이는 배달음식 포장지만 봐도 거부감이 든다.

흔히 식성 좋은 사람이 성격도 좋다고들 한다. 난 이 말을 별로 신뢰하지 않는다. 왜냐하면 성격은 유전의 영향이 큰 반면, 식성은 후천적으로 그 집안의 식탁 문화에서 길들여진다고 생각하기 때문이다. 예를 들어 어릴 적 윤택한 가정환경에서 입맛 끌리는 대로 골라 먹으며 성장한 사람은 나중에 미식가가 되거나 입이 짧은 사람이 될 확률이 높을 것이다. 반면에 가난하고 형제 많은 집에서 자랐다면 없어 못 먹는 판에 식성이 까다로울 리가 있겠는가. 식성보다 중요한 것이 식습관인 것 같다.

어릴 적 밥상머리에서 부모님으로부터 자주 듣던 말이 있다.

"밥 먹을 때 말이 많으면 커서 가난하게 산다."

아주 어릴 적에는 이 말이 참말인 줄 알았다. 조금 커서는 우리가 밥상 앞에서 장난치지 못하게끔 지어낸 말이려니 했다. 철들어 이 말을 긍정적으로 해석해 보니 평범하지만 삶의 지혜가 숨겨진 말이었다. 반찬 투정 없이 감사하게 밥상을 받으라는 뜻 외에도 암묵적 교훈이 담긴 밥상머리교육이었다. 즉, 말이 많으면 실수가 많음을 경계하기 위함이요, 무슨 일이든지 현재 하고 있는 일에 집중하는 버릇을 길러주기 위함이었을 것이다. 다시 말하면 한 가지 일을 보면 열 일을 안다고, 언행에 신중하며 딴청피우지 않고 현재 하고 있는 일에 감사하다 보면 가난 대신 행복이 찾아올 것이라는 소박한 인생관을 유추해낼 수 있다.

가난을 벗기 위해, 소작농을 면하기 위해 농사, 그 한 가지 일에 혼신을 다 바친 분이 내 아버지시다. 밥 먹는 시간조차 아끼시던 아버지, 신새벽부터 일하시다가 대강 흙먼지만 털고 검불 붙은 옷 그대로 조반상을 받으셨던 아버지. 짜디짠 젓갈 반찬에 물 말은 밥 허겁지겁 들고 일터로 달려가시던 체구도 작은 아버지, 냉장고가 없던 시절에 오래두고 먹을 생선 반찬으로 젓갈류가 제일이었을 것이다. 어릴 적 우리 집 밥상 위에 빠지지 않고 올라오던 젓갈류, 이것이 우리 집 가난한 밥상을 떠올려주는 대표 반찬이란 것을 나의 자식이나 손자들은 알 리 없을 것이다. 모처럼 삼 세대가 모인 식탁에서 새우젓, 황석어젓, 조개젓, 어리굴젓, 갈치속젓 등 젓갈의 그 우울한 맛이 왜 이리 그리워지는지….

갠지스강의 침묵

인도를 여행하고 온 사람들의 말을 들어보면 호불호가 극명하게 나뉜다. 갠지스강에는 타다 만 사람의 시체를 뜯어먹고 사는 팔뚝만 한 물고기가 몰려다닌다. 인도에는 거지들이 많고 공중화장실이 없다. 동물의 똥에 사람의 똥오줌이 보태져 거리마다 악취와 쓰레기로 뒤범벅이다. 이것은 인도 여행이라면 머리를 쌀래쌀래 흔드는 이들의 일부 과장 섞인 말이다. 반면에 해외 여러 나라를 다녀보았지만 인도만큼 끌리고 여운이 남는 나라는 없다. 기회 되면 다시 가보고 싶은 나라다. 진짜 이국적인 문화를 체험하고 싶다면 주저없이 인도를 추천한다는 부류가 있다. 후자의 말에 더 무게를 두고 인도 여행길에 올랐다.

기차든 버스든 한번 탔다 하면 한나절 이상 견뎌야만 다음 목적지에 도달하는 것을 보니 인도가 한반도의 15배나 큰 땅덩이란 말이 실감났다. 하루에 장장 7시간을 버스로 이동하던 날이었다. 점심에 식당의 화장실을 이용하게 한 후 도중에 딱 한 번 볼일 볼 시간을 주었다. 그것도 풀숲에 들어가 일을 보고 오라니 고행이 따로 없었다. 또한 낡은 버스라서 먼지와 소음은 물론 덜컹거림으로 속은 울렁거리는데 가이드는 달랑 비닐봉투 한 장 건네며 참으라 한다. 장거리 운전으로 피곤할 법도 하련만 주황색 터번을 쓴 운전기사는 아랑곳하지 않고 쉼없이 달린다. 차창 밖으로 간간히 드넓게 펼쳐진 노란 유채꽃 물결이 보이지 않았더라면 차멀미는 더 견딜 수 없었을 것이다.

마을 풍경은 1960년대 초기의 우리나라 시골처럼 추레하였다. 장터는 떠들썩하고 생동감 넘치는 우리네 시골 장터 분위기와는 사뭇 달랐다. 사람들이 몰려있는 장터 마당을 지날 때는 인파로 인해 버스가 굼벵이걸음을 하였다. 그 바람에 사람들 표정을 가까이 볼 수 있었다. 뿌연 먼지 뒤집어쓴 물건들이

나 그것을 지키고 있는 상인이나 장보러 나온 사람이나 표정 없기는 매한가지다. 마치 전체가 슬로 비디오 속 풍경으로 비친다. 소걸음으로 움직이는 사람들은 그저 무료함을 달래기 위해 기웃거리는 구경꾼들 같았다. 운명에 순응하는 듯 무심한 눈빛은 왠지 애잔해 보였다.

인도 거리에는 소문대로 한가운데 소가 여유롭게 돌아다니거나 누워있었다. 13억 인구에 소가 2억이라니 소 세상이라고 해도 과언이 아닐 정도다. 가게 앞을 소나 개들이 어슬렁거려도 누구 하나 눈살을 찌푸리지 않는다. 동물을 매몰차게 쫓지도 않고 오히려 먹을 것을 내어준다. 이같이 동물을 비롯해 수많은 신들을 숭배하면서도 인간 차별이 극심한 나라, 이 불가사의한 인도를 끌고 가는 동력은 대체 무엇일까? 가장 강력한 것이 바로 힌두교라는 종교의 힘일 것이다.

힌두교의 보호 아래 소수의 상류 계층은 탄탄대로를 걸으며 대대손손 영화를 누린다. 누구도 거부할 수 없는 '윤회'와 '업'이라는 숙명론이 전제된 그 믿음 때문에 현세에서는 변화를 꿈꿀 수도 없는 대다수 사람들. 하층민들은 차등화된 악순환의 고리에서 영원히 벗어날 길이 없다. 권력이 종교를 등에 업고 수천 년 뿌리내렸기에 계층의 벽은 무너질 줄 모른다.

해질녘에 갠지스 강변에서 힌두 야간의식 '아루띠 뿌짜'가 매일 펼쳐진다고 한다. 이 야간의식은 갠지스를 찾는 이들의 필수 관광 코스요, 관광의 절정이라고 알려져 있다. 그 시간대에 맞추기 위해 갠지스강을 향하는 인파를 뚫고 경적을 울려대는 자동차, 자전거, 오토바이, 오토릭사 등이 뒤엉켜 금세 도로가 무법천지로 변한다. 우리 일행도 릭사꾼에게 생명을 맡겼다가 도로 찾은 듯 지옥 터널을 겨우 빠져나왔다. 인파에 압사당한다는 말이 과장이 아니겠구나 싶었다. 야간의식에 참여하려는 신도들과 관광객들이 몰려들어 야밤의 강변은 삽시간에 인산인해를 이루었다. 광화문 광장에 모여든 2002 월드컵 열기가 이 정도였을까 싶다.

화려한 무대는 거룩한 종교 의식의 장場이라기보다 야외 연예 공연장을 방불케 하였다. 무대를 향해 밀집된 수십 척의 배 안에 구경꾼들이 가득 찼다. 지상은 발 디딜 곳 없이 초만원이다. 배 안에 자리 잡은 관광객이 그나마 지상보다 안전해 보였다. 무대 중앙에 7~8명의 사제들이 일렬로 서서 한 손에는 요령鐃鈴을, 다른 손에는 불잔을 들고 쉴 새 없이 흔들어 대며 춤을 추었다. 요란한 방울 소리에 묻혀 독경 소리는 배경음악처럼 낮게 깔렸다. 사제가 돌리는 휘황찬란한 불꽃덩이와 독경 소리와 힌두교 신도들의 열기가 한데 어울려 군중을 황홀경으로 몰아넣었다. 현기증이 날 정도였다. 매일 밤 치러진다는 갠지스 강변의 이 요란한 종교 행사, 이방인의 눈에는 사람의 혼을 뒤흔드는 광란의 몸짓으로 보였다.

다음 날 새벽, 일출 시간에 맞춰 릭샤에 몸을 싣고 어젯밤의 그 자리를 다시 찾아갔다. 축제의 도가니였던 지난밤 풍경과는 전혀 다른 분위기였다. 칙칙한 회색빛 기운이 강과 강변을 뒤덮고 있었다. 곳곳에 아직 치우지 않은 쓰레기더미가 그대로인데 깡마른 개와 염소들이 먹을 것을 찾아 머리를 주억거렸다.

유골이 갠지스 강에 뿌려지기를 바라는 자들이 죽음의 대기장소로 쓰고 있다는 크고 작은 연립주택들이 가트ghat 위쪽으로 줄지어 있다. 죽음의 대기소가 곧 행복으로 들어가는 길목이 된다고 믿는 사람들의 집합소이다. 어차피 인간은 태어나는 순간부터 죽음의 대기자라는 삶의 역설을 음미하게 해주는 장소였다.

우리 일행은 갠지스강의 일출을 감상한 후, 어느 가족의 화장하는 모습을 멀찍이 선상에서 바라보았다. 장작더미 위에 하얀 천으로 둘둘 감긴 것이 이내 불길에 휩싸였고 회색 연기는 뿌연 하늘에 꼬리를 흔들며 올라가고 있었다. 한줌의 재로 변한 유골은 강에 뿌려질 것이다. 인도인이라면, 아니 힌두교도라면 일생에 단 한 번이라도 이 강에 와 목욕재계하고 죄 씻음받는 것이 소원이요, 마지막엔 한줌의 재가 되어 성스러운 강물에 뿌려지는 게 최고의 행복이라고 믿는다. 갠지스강은 인도인들의 생의 출발점이자 마지막이고 생사가 공존하는 곳이라는 게 실감났다.

강물이 아침햇살로 붉게 흔들릴 즈음 배 안에서 꼬마가 팔고 있는 주황색 꽃등을 샀다. 꼬마 소녀의 얼굴빛도 주황 꽃등색이다. 가이드가 이것을 강물에 띄우며 소원을 빌라고 했다. 강물에 손을 담근 채 가만히 놓아야 종이접시 위 꽃등이 뒤집히지 않는다기에 그대로 했다. 배에서 멀어지며 사위어가는 꽃등에 집중하면서 인도의 카스트 제도가 무너지기를 빌었다.

그리고 시선을 돌려 강변을 빙 둘러보았다. 강물을 통에 담아가는 사람, 세수하는 사람, 아예 웃통을 벗고 강물에 들어와 샤워하는 사람, 발만 담그고 일출을 보며 기도하는 사람, 강변에서 빨래하는 사람 등 각양각색으로 그들은 갠지스 강물과 더불어 하루를 시작하고 있었다. 관광객에게 갠지스 강물이 든 물통을 팔고 있는 사람이 보였다. 한쪽에선 시체를 태운 재가 뿌려지고, 다른 한쪽에서는 그 물을 기적의 생수로 팔고 있는 비현실 같은 현실이 매일 재연되는 곳이 갠지스강이었다.

인도인들의 장례는 대개 화장식이다. 그런데 화장하지 않는 다섯 가지 예외가 있다고 한다. 즉 7세 이하 어린이(순수한 영혼이라 업이 없음), 임산부(순수한 영혼인 뱃속의 아이 때문), 뱀에 물려 죽은 사람(시바신의 상징이 뱀이라서), 성직자(신처럼 우대함), 그리고 동물들이다. 여기서 동물을 화장하지 않는 이유는 동물들을 신격화하는 힌두교의 전통 때문이라고 한다.

3300억의 신들 중에 동식물이 많이 포함되어 있는 것을 보면 힌두교야말로 자연친화적인 종교라 할 수 있다. 동식물과 미물까지도 사랑하고 숭배의 대상으로 삼는 이들이 왜 인간끼리는 계층을 나누고 차별과 학대를 서슴지 않는지 도저히 이해가 되지 않았다. 타계급의 남자와 결혼해서 가문의 명예를 더럽혔다는 이유로 오빠가 여동생을 산 채로 매장했다는 기사가 인도에서는 놀랄 만한 뉴스거리가 아니라니 인권 유린의 정도가 얼마나 심각한지 가히 짐작할 만하다.

카스트는 3천 년 동안 다신교 국가인 인도 사회의 지배 수단으로 정착되었다. 이것이 정치, 경제, 문화 등 인도인의 모든 삶의 중심축을 이루고 있다. 계층상 다리가 머리 역할을 하면 안 되고 배가 가슴 역할을 해서도 안 된다는 차등의 굴레, 이것이야말로 카스트를 유지해 가기 위한 제도화된 폭력이 아니고 무엇이란 말인가!

카스트 하위에는 노예 계급 '수드라'가 있다. 그 아래에 아웃카스트인 불가촉천민 '달릿dalit'이 맨 밑바닥에 놓여 있다. 달릿은 사원이나 공공장소 출입이 금지될 뿐 아니라 일반인과 공동 우물도 같이 사용하지 못하게 하므로 동물들이 먹는 물을 마셔야 한다. 상위 카스트 가정에 짐승들은 들락거려도 달릿은 들어갈 수 없다니…. 달릿이 이유 없이 상해를 입거나 목숨을 잃어도 하소연할 곳이 없다. 달릿은 인도 땅에서 '코끼리님' '소님' '개님'만도 못한 취급을 받으며 살고 있는 것이다.

인생의 출발선이 같을지라도 살다 보면 여러 이유로 삶의 질에 차등이 나거늘, 달릿의 경우 태어나는 순간부터 인간 이하, 아니 짐승 이하 취급을 받고 있다니 믿기지 않지만 인도의 진면목이었다. 뼈만 앙상한 어린애를 안고 관광객을 향해 빈 젖병을 흔들며 다가서던 허기진 여인의 눈망울, 자신의 운명을 개척할 생각조차 할 수 없고, 더이상 내려갈 바닥도 없는 구차한 목숨들에게 정녕 구원의 손길은 없는 것인가. 대명천지에 이런 일이 삼천 년이나 지속되고 있다니 하늘의 무심함이 통탄스러웠다. 인간이 인간을 혐오하고 차등하는 것이 힌두교의 사랑법인가? 선상에서 주황색 꽃등에 실어보냈던 기도를 다시금 되뇌며 갠지스강을 바라보았다.

만민의 소망과 생명의 젖줄인 갠지스 강, 성스러운 강Holly River의 신이여! 당신이 진정 약자를 품어주고 위로하는 자비로운 어머니 강의 신이라면, 2억이 넘는 달릿들의 피눈물을 닦아주시고 악습의 굴레를 어서 빨리 끊어 주십시오.

일출로 인해 피빛으로 붉어진 갠지스 강물은 나의 기도를 삼킨 채 침묵으로 흐를 뿐이었다.

(2016년 3월, 『수필과비평』)

해감하기

'봄 조개, 가을 낙지'라 했다. 우리 아이들이 어릴 적, 같은 또래 서울 조카들까지 데리고 조개잡이 체험을 하러 서해안에 간 적이 있다. 조개 중에서도 가장 흔한 것이 바지락이다. 바지락은 수심이 얕은 해안, 모래와 자갈이 섞인 곳에서 산다. 조개 캐는 아낙네의 발밑에서 '바지락 바지락' 조개 밟히는 소리가 나서 바지락이라고 했다던가?

장화를 신고 갯벌에 발을 들여놓았다. 발밑에 숨어사는 생명체가 어찌나 많은지 호미질하기가 두려웠다. 갯벌은 무한한 생명체의 보고寶庫란 말이 실감났다. 난데없는 인간들의 습격에 놀라 달아나거나 잽싸게 숨어버리는 미물들을 보니 미안하기도 했다. 미안함도 잠시, 바지락 캐담는 재미에 빠져 시간가는 줄도 몰랐다.

귀가를 서두를 시간이 됐다. 한 자루 채워졌으니 나가자 해도 아이들은 들은 척도 하지 않고 너른 갯벌 여기저기를 헤집고 다녔다. 미끄러져 넘어지고 옷이 엉망이 되어도, 얼굴에 진흙탕물이 튕겨도 아랑곳하지 않았다. 이렇게 미적대다가 밀물이 갑자기 들어오면 바닥이 미끄러워 뛰지도 못하고 그예 바다귀신이 되고 만다고 다그쳐서 겨우 데리고 나왔다. 신나는 추억은 여기까지다.

바지락은 풍성하겠다, 조개류는 소금물에 해감해서 요리한다는 말은 들었겠다, 채취해온 바지락 일부를 잠시 소금물에 담가두었다가 여러 번 헹군 다음 급히 한 솥 끓여냈다. 아무리 급하다고 바늘허리에 실 매어 쓸까? 지걱거려서 바지락을 한 개도 먹을 수가 없었다. 적어도 한나절 또는 하룻밤 정도는 해감해야 한다는 사실을 초보주부는 몰랐다. 기다림의 시간이 필요했던 것이다.

코로나 시절이라 세끼 식사를 집밥으로만 해결하자니 한끼라도 별식을 하고 싶을 때가 있다. 그럴 때 생각나는 게 뜨끈하면서도 시원한 칼국수다. 바지락칼국수를 먹는 날이면 바지락을 캐던 날의 낭패담도 아련한 추억으로 되살아난다. 소문난 맛집 칼국수 흉내를 내려면 무조건 바지락을 많이 넣어야 한다. 또 생선탕에도 바지락 몇 개만 넣으면 한결 시원한 맛이 난다. 그 앙다문 입안에 바다 향을 품었다가 뜨거운 국물 한 대접에 비밀스런 맛을 풀어놓는다. 그것은 바다의 온갖 미생물들이 조합해 놓은 천연조미료 맛이다.

조개류가 들어간 시원한 국물 요리를 좋아하는 사람으로서 바지락 예찬론자가 되었다.

"조그만 껍질 속 고작 손톱만 한 살점 어디에 사람들의 미각과 후각을 호리는 맛을 감추고 있었더냐? 조약돌같이 저마다 색깔과 무늬가 천차만별임에도 맛은 한결같으니 신통하도다!"

"맑은 심해수를 마시지 못하고 갯벌에서 불순물 뱉어내는 일을 숙명처럼 하고 사는 바지락아, 네 조상들은 애초부터 사람이 그리워 연안 근처에서 살았더냐? 너로 인해 어촌 사람들 용돈벌이가 쏠쏠하니 너야말로 갯마을의 효자로다!"

"그 작은 몸뚱어리로 거센 물살을 어떻게 견디며 네 자리를 보전했느냐? 패각에 부채살 모양의 방사륵을 새기는 고통을 감수하면서 버티었구나!"

바지락 요리에서 가장 신경 쓸 것은 지걱거림을 없애는 일이란 걸 실수를 통해 제대로 배웠다. 해감하는 요령도 익혔다. 바닷물 농도 정도의 소금물에 바지락을 담근 다음, 검은 비닐을 덮어씌우면 컴컴한 바닷속인 줄 알고 그것이 태평스레 입을 벌리고 불순물을 내뱉기 시작한다.

해감하기는 바지락을 비롯한 조개류에게만 필요한 게 아니다. 우리 몸도 각종 질병을 차단하기 위해서는 해감하기가 필요하다. 몸속에 축적된 독소나 노폐물을 배출하는 것을 '디톡스detox'라 한다. 건강에 민감한 사람들 사이에선 '해독 주스'니 '해독 티tea'를 벌써 건강식품으로 꼽고 권장하기도 한다.

몸에 쌓인 독소를 빼지 않으면 육신에 병이 생기듯 마음도 마찬가지다. 매일 매순간 이물질이 쌓였을 터, 마음의 디톡스도 절대적으로 필요하다. 미움, 시기, 질투, 증오, 불평 등 부정적인 것들을 그때그때 뱉어내지 않으면 안 된다. 녹이 쇠를 먹듯 화가 결국엔 몸의 질병으로 번지기 때문이다. 몸의 들숨과 날숨처럼 마음의 디톡스가 쉼없이 작동해야 맑은 정신으로 살아갈 수 있다.

우리나라 사람들에게 많은 마음의 병이 '화병'이다. 실제 미국 정신의학회의 정신장애 진단 및 통계 편람에 화병은 "한국의 문화와 관련 있는 분노 증후군"으로 등재되어 있다고 한다. 한국학의 거장인 김열규 교수는 "화병은 한국인의 심암心癌으로 마음속에 기생하는 악성종양"이라고까지 표현했다. 실제 한의학에서 화火는 스트레스가 발생할 때 세포 조직이나 장기에 염증을 유발하기 때문에 만성 염증 내지는 암 발병의 원인이 될 수 있다고 했다.

왜 화병은 유독 우리나라 사람에게 흔한 것일까? 곪은 곳은 터져야 낫는데 인내의 한계상황에서도 터트리지 못하니 병이 되는 것 같다. 참는 것이 미덕이라는 가르침 아래, 감정을 솔직히 드러내면 미성숙한 사람으로 취급받는 문화 풍토에서 자기 감정을 숨기거나 억누르는 습성이 형성된 것이 아닌가 한다.

많은 현대인들이 극도로 긴장된 경쟁사회 속에서 마음의 병을 앓고 있다. 우리나라의 자살률이나 분노조절장애지수가 최근 들어 계속 증가하고 있는 추세이다. 간혹 사소한 일에 감정을 다스리지 못해 벌어지는 끔찍한 사건 사고 소식을 들으면 모골이 송연해지곤 한다. 바야흐로 마음의 디톡스가 시급한 시대이다. 건강한 사회를 위해 각자 마음 관리, 화 다스리기 등 감정의 정화 능력을 키우는 것이 우선되어야 할 것 같다.

미적지근한 사람, 화끈한 사람

실제 나이보다 훨씬 젊어 보이는 어른에게 건강의 비결을 물었다.

"목욕탕 옆집에 산 덕분이야. 매일 새벽마다 옆집에 가서 온탕과 냉탕을 번갈아 세 번씩 들락날락하는 것이 내 유일한 건강법이지. 시간은 짧게 걸리고 효과는 최고야."

목욕탕 갈 적마다 그 어르신 말씀이 떠오른다. 냉온탕욕을 시도해보면 급격한 온도 차이로 피부가 찌릿찌릿 따갑다. 냉온탕욕을 자주하면 피부가 긴장과 이완을 반복하면서 세포가 활성화되니 자연히 피부결이 좋아진다고 한다. 그러나 나는 냉온탕욕을 좋아하지 않는다. 피부결보다는 몸이 무지근할 때 피곤을 풀 목적으로 목욕탕에 가기 때문이다. 뜨뜻미지근한 물에 노곤한 몸을 뉜 채 눈을 감고 무념무상의 상태로 있으면 이보다 더 편안한 시간은 없다.

사람의 성격은 천차만별이다. 사람 수만큼이나 성격이 다양하겠지만 감정을 표출하는 양상에 따라 둘로 나눠보면 미적지근한 사람과 화끈한 사람이 있다.

미적지근한 물 같은 사람은 내향적이고 신중한 반면 결단력이 부족하다. 하고 싶은 말이 입안에서 빙빙 돌아도 면전에서 남에게 심한 말을 잘 못한다. 남으로부터 상처를 받으면 두고두고 잊지 못하고 가슴앓이를 한다. 대중 앞에 서기보다는 대중 속에 묻혀 있어야 편하다. 적극성을 띠지 않기 때문에 자신감이 없어 보인다. 호불호를 잘 드러내지 않는다. 아군 적군을 가르지 않고 섞여 지내는 편이나 진심으로 소통하는 친구는 적다. 신뢰를 쌓는데 시간이 걸리나 변심하지 않는다. 마음에 없는 말을 못 한다. 어지간하면 참는 편이나 어느 순간에 욱하고 폭발해 대형사고를 친다. 한번 화나면 풀기가 어렵다.

반면에 냉온탕물 같은 사람이 있다. 흔히 화끈하다는 평을 듣는 유형이다. 외향적이고 사교적이다. 호불호가 뚜렷하고 자기 주장이 강하다. 우월감 내지 자신감이 넘쳐 보인다. 주변 사람을 아군과 적군으로 가른다. 아군이다 싶은 사람을 만나면 열탕으로 끌고 간다. 간을 빼줄 듯이 잘한다. 적군이다 싶으면 냉탕에 처박아 버린다. 그래서 친구도 많고 적도 많다. 성깔대로 일하고 인정 욕구 또한 강하다. 하고 싶은 말을 마음속에 담아두지 못하고 쏟아내야 직성이 풀린다. 화도 잘 내지만 화해도 잘하는 편이다. 좋게 말하면 뒤끝이 없다.

대조적인 이 두 타입의 사람이 싸우면 누가 이길까? 짧게 끝나는 싸움은 인내를 잘하는 미적지근한 사람이 이길 확률이 높다. 왜냐하면 화끈한 사람은 이성보다 감정이 앞서기 때문에 문제의 핵심을 바로보지 못하고 실수하는 경우가 많다. 그러나 장기적인 싸움에서는 화끈한 사람이 이긴다. 왜냐하면 화끈한 사람은 즉각적으로 대응하고 화를 풀어내기 때문에 앙금이 없다. 반면에 미적지근한 사람은 가슴에 화를 담아두기 때문에 울화병이 생긴다. 그것이 오래가면 다른 질병을 불러 일으켜 스스로 무너지고 만다.

사람은 관계적 동물이다. 화끈한 사람은 미적지근한 사람을 음흉하다고 밀어낸다. 미적지근한 사람은 화끈한 사람에게 데일까 겁나서 가까이하길 꺼린다. 이 둘이 갈등하는 것은 내게 부족한 것을 상대편이 갖고 있음을 간과하고 서로 상대편의 부족한 점만 보기 때문이다. 그렇다면 둘 사이 이상적인 관계 맺기는 가능할까? 내게 부족한 점이 무엇인가를 먼저 아는 것이 중요하다. 그리고 내가 그렇게 갖추려 노력해도 부족한 그 점을 상대가 가지고 있음을 발견하고 그 부분을 크게 인정해주면 원만한 관계가 이루어질 것이다. 머리에서 가슴까지의 거리가 가장 멀다는 말이 있다. 실천이 어렵긴 하나 머리에서 가슴으로 내려온 순간 관용에서 오는 채워짐으로 기쁨이 충만할 것이다.

은근히 피었다가 그윽한 향기 오래 뿜어내는 가을 국화는 화들짝 피었다 쉬이 지는 화사한 벚꽃을 깔보지 않는다. 혹한을 견디면서 꽃망울 조심스레 벙글더니 이내 활짝 피었다가 정갈하게 내려앉는 동백은, 잠깐 사이 환한 등불을 밝히다가 쉬 퇴락해버리는 목련을 업신여기지 않는다. 꽃마다 색깔과 모양이 다르다. 향내도 다르고 피고 지는 시기도 다르다. 꽃에 우열이 없듯이 사람마다 기질과 성격이 다를 뿐 거기에 우열은 없다.

제4부

격세지감

원더풀 미나리

영화 「미나리」 야말로 '코로나블루'를 한방에 날려주는 진정 반가운 봄소식이다. 미증유의 이 끔찍스런 상실의 시대에 그나마 위안물이 되어주었다.

1. 영화를 보기 전

영화를 보기 전, '미나리'라는 영화 제목을 듣는 순간 내 머릿속엔 미나리꽝 근처에서 놀았던 유년의 추억들이 활동사진처럼 펼쳐졌다.

우리 마을 한가운데에 지붕이 있는 커다란 우물이 있었다. 20여 가구 남짓한 동네에 유일한 우물터였다. 양쪽에 우람한 버드나무가 우물을 향해 맞절하듯 기울어져 있어 제법 운치있는 풍광이었다고 기억된다. 축축 늘어진 버들가지는 빨래하는 여인들에겐 그늘이 되어 주지만 꼬마들의 손아귀에 잡히는 가지들은 어김없이 찢기고 꺾이는 수난을 당했다.

어머니가 빨래하러 갈 때나 물 길러 갈 때면 나는 걸레 바구니라도 들고 쫄랑쫄랑 따라나섰다. 우물의 주인장 격인 양철 두레박은 찌그러진 채로 오르락내리락 쉴 새 없이 일했다. 어떤 이는 물동이로, 어떤 이는 물지게를 이용해 하루 쓸 분량의 물을 집으로 날랐다.

우물가에는 띄엄띄엄 몇 개의 돌판이 박혀 있었다. 그 사이사이에 아주머니들이 둘러앉아 빨래하며 이야기꽃을 피웠다. 우물은 퍼가도 퍼가도 끊임없이 채워지는 샘물일 뿐 아니라 집집의 소식을 퍼올리고 퍼나르는 소식통 역할도 했다. 새로운 소식에 화들짝 놀라는 사람, 맞장구치는 사람, 깔깔대는 사람들로 우물가는 늘 와글와글 홍성거렸다.

이곳에서 쌀보리를 씻어 내린 뜨물, 온갖 푸성귀를 다듬고 씻은 물, 걸레에서 나온 땟구정물, 빨래에서 나오는 비누거품 섞인 물. 아기의 기저귀에서 떨어져 나오는 똥덩이 등 온갖 오물들이 모두 한곳을 향해 내려갔다. 바로 미나리꽝이었다. 습지를 좋아하는 미나리가 또랑에 절로 뿌리를 내려 우리 논 있는 곳까지 길게 뻗어있었다. 또랑은 임자가 없었다. 그래서 누구나 미나리를 베어갔다. 베어가도 며칠 후면 또 돋아나는 풀이어서 누구도 아까워하지 않았다.

미나리꽝 하면 제일 먼저 실거머리가 떠오른다. 더럽혀진 물일지라도 오히려 미물에게는 그것이 양분이 되는지 미나리꽝에는 유독 실거머리가 많이 살았다. 거머리가 득실거리는 거무튀튀한 진흙탕 속에서 그 물을 먹고 자란 미나리는 순결한 잎을 자랑처럼 달고 나왔다.

이렇게 공동우물이 있는 미나리꽝을 중심으로 옹기종기 모여 사는 우리 동네는 한마디로 빈촌이었다. 앞 동네는 전깃불을 켜고 산 지가 오래되었건만 우리 동네는 내가 고2 될 때까지도 등잔불을 켜고 살았다. 어른들 말에 의하면 근동의 논은 거의 앞 동네 김 씨 소유라 했다. 우리 집을 비롯하여 대부분은 소작농으로서 100필지도 넘는 대농 지주 김 씨네 땅을 부쳐 먹으며 살았다. 우리 동네 어른들은 어쩌면 전깃불을 켜고 살 날을 고대하며 농사일에 열중했는지도 모른다. 그 땀방울로 자식들을 먹이고 가르치고 조금씩 힘을 잡아 자립의 꿈도 키워갔을 것이다. 그 꿈처럼 해를 거듭할수록 미나리꽝의 미나리는 가장자리부터 가운데로 점령해가며 푸르게 번성하였다.

2. 영화를 보고

영화를 보는 내내 25년 전쯤 미국에 머물던 시절, 가까이에서 보아왔던 한인 이민자들의 생활상이 떠올라 감회가 새로웠다. 1년은 아이와주, 1년은 뉴저지주에서 살았다. 뉴저지주에서 우리 가족은 한국 할머니 혼자 사는 집에 세들어 살았다. 영어를 배워 본 적도 없는 산골짜기에 살던 여인이 미군과 사는 친언니의 주선으로 1970년대 초에 어린 남매를 데리고 미국 땅으로 건너왔다고 한다. 손에 쥔 것도, 머리에 든 것도 없는 사람이 이민 1세대로서 타국에 정착하느라 얼마나 고생이 많았을까? 닥치는 대로 막노동을 해왔다는 이 할머니에게 이제 남은 것이라곤 굽은 허리와 파킨슨병과 외로움뿐이었다. 자식과의 언쟁에도 통역이 필요한 한국 할머니가 그렇게 초라해 보일 수가 없었다.

모든 인생은 멀리서 보면 희극이지만 가까이서 보면 비극이라 했던가. 당시 내가 만난 한인 이민자들은 극히 소수를 제외하고는 대부분 세탁소, 네일가게, 푸드마켓 운영자 또는 종업원이었다. 이런 가게는 주말 고객이 더 많기 때문에 주말에도 가게문을 닫을 수가 없다.

"내가 한국에서 이만큼 일했으면 벌써 부자됐을 겁니다."

이것은 세탁소를 운영하는 한 교포가 365일 가게문을 열어야하는 지겨움을 자조하듯 내뱉은 말이다.

이민자의 나라인 미국에서 가장 부지런한 사람들, 문을 가장 일찍 열고 가장 늦게 닫는 가게는 십중팔구 한인 교포가 운영하는 곳이라 했다. 현재는 비록 힘들지만 언젠가는 성공하리라는 꿈, 나는 고생해도 내 자식들은 미국에서 공부시킨다는 자부심, 고국과 고향을 떠나온 이상 이대로 주저앉을 수 없다는 오기 등으로 애써 버티고 있음을 느낄 수 있었다.

언어의 장벽 외에도 보이게 또는 보이지 않게 느껴지는 인종차별 속에서 외로움은 또 무엇으로 달랬을까? 발이 닿지 않는 물 속에서 살아남기 위해 발버둥치며 사는 게 이민자의 삶이었다. 물위에 떠 있는 오리가 한가해 보여도 수면 아래 오리의 발은 쉼 없이 움직이듯이 그렇게들 바쁘게 살고 있었다.

이민자의 아픔과 인내를 넘어 회복과 희망을 보여주는 영화

「미나리」가 세계 곳곳에 흩어져 사는 수백만의 한국교포뿐만 아니라 타국에서 눈물 젖은 빵을 먹어본 세계 모든 이민자들에게 위로와 힘이 되었으면 한다. 또한 인종 차별과 혐오가 심각해져가는 이때, 이민자를 바라보는 시각이 좀더 긍정적으로 변화하는 데 일조했으면 한다. 우리부터 먼저 순혈주의를 우월시하는 편견을 버려야 한다. 해외에 나가 사는 한국 교포나 우리나라에 뿌리내린 이주민이나 넓게 보면 하나의 지구촌 시민이다. 우리나라가 경제력과 함께 문화강국이 되기 위해서는 시민의식, 인권의식, 평등의식이 지금보다 훨씬 더 고양되어야 한다.

연꽃은 맑은 물에서보다 질퍽하게 더러운 물에서 더 큰 꽃송이를 피워 낸다면, 미나리는 탁한 물을 오히려 정화하면서 기운차게 뻗어오른다. 미나리 뿌리로부터 올라온 물기는 맑고 투명한 초록의 광택을 빚어낸다. 바람이 조금만 불어도 바르르 떠는 잎새, 물살에 파묻혔다가도 부르르 털고 일어서는 잎사귀마다 풀빛 윤기가 어릿거린다.

봄향기 머금은 잎새와 줄기가 이민 2세, 3세들이라면 이민 1세대는 미나리의 뿌리다. 오물투성이 속에 박힌 미나리 뿌리는 물이 꽝꽝 어는 겨울철에도 죽지 않고 숨죽이고 있다가 봄이면 새잎을 무성하게 밀어 올린다. 여리디 여린 것 같지만 실은 여러해살이풀이다. 미나리가 외유내강인 것은 이 뿌리의 힘 때문이다. 미나리라는 식물은 이렇게 생명력이 강해 어디에서든 잘 자라기에 영화 속 대사를 인용하자면 '원더풀'이다.

글로벌 시대에 세계 시민들이 서로 다양성을 존중해주고 포용하며 산다면 원더풀 미나리처럼 진정 원더풀한 세상이 만들어지려나?

(2021년 7월, 『수필과비평』)

얼음땡 놀이

세상 풍경 중에서 제일 아름다운 풍경

모든 것들이 제자리로 돌아가는 풍경

'시인과 촌장' 그룹의 싱어, 하덕규 작사·작곡(1986년)의 「풍경」이란 노래가 지금처럼 간절하게 들린 적이 또 있었을까? 코로나 시절에 사람들은 제자리로 돌아가지 못한 채 엉거주춤 살아가고 있다.

우리 아파트 뒤편에 초등학교가 있다. 예전 같으면 운동장에 아이들이 시끌벅적 참새떼마냥 몰려다니며 뛰놀 텐데 휴교령이 내려진 지 오래, 운동장 모래흙 위로 잡풀이 군데군데 올라와 나풀거린다. 운동장이 제자리로 돌아가는 풍경이 그립다.

그리운 풍경이 어디 학교 운동장뿐이랴. 관객 없는 텅 빈 영화관, 고객의 발길이 끊긴 상점들, 대면예배보다 비대면예배를 권고하는 교회당, 음식점마다 빈 테이블, 결혼식장이나 장례식장에도 못 가보고 계좌이체로 인사를 대신해야 하는 매정한 시대가 되고 말았다. 우리집에 경사스러운 일, 고대하던 외손녀가 태어났어도 직접 안아보지 못하고 동영상 상봉으로 만족해야 했다. 코로나 시대, 가장 안타까운 장면은 부모님이 계신 요양병원 방문 폐쇄조치로 부모 자식간 만나지도 못하고 병실 쪽 창문만 바라보다 눈물을 삼키고 돌아서는 자식들의 뒷모습이다.

여섯 살 손자와 하루종일 아파트 안에 갇혀 놀아주는 것도 쉬운 일이 아니다. 손자를 집 밖으로 데리고 나와야 애도 좋아하고 나도 숨통이 트인다. 평일엔 한적하던 놀이터에 주말이라서 그런지 몇 명의 아이들이 마스크를 쓴 채 뛰놀고 있었다. '얼음땡놀이'를 하는 중이었다. 술래에게 붙잡히지 않으려고 요리조리 뛰어다니다가 힘에 부치면 '얼음'이라고 외치고 멈춰 서는 게임이다. 손자보다 서너 살 위로 보이는 아이들 틈에 손자를 살짝 밀어 넣으면서 말했다.

"얘들아, 우리 애도 좀 시켜줘라."

아이들이 싫어하는 눈치가 아니라서 다행이다. 꼬마에게 술래는 시키지 말자고 저희들끼리 내규를 정한다. 꼬마를 배려하자는 의견에 토를 다는 아이는 없었다. 손자는 헉헉대며 제 딴엔 민첩하게 도망다녀도 다른 애들보다 자주 '얼음'이 되곤 했다. 일단 얼음이 된 사람은 다른 친구가 와서 '땡'이라고 외치며 몸을 쳐주지 않으면 계속 그 자리에 서 있어야만 한다.

지금 지구촌은 코로나 팬데믹으로 '얼음땡놀이'에 갇혀버린 신세다. 코로나19라는 술래가 강력한 힘으로 사람을 공격해오는데 잘못하면 술래에게 잡혀 죽기도 한다. 이 술래는 동시다발적으로 움직이고 형체를 숨기고 덤벼들기 때문에 공격에 대비하기가 무척 어렵다. 얼음판에 충격을 가하면 날카로운 빗금을 내며 얼음이 쩍쩍 갈라져 나가듯 전염병은 걷잡을 수 없는 속도로 확산되고 있다. 코로나바이러스는 국가의 경계선마저 우습게 넘나들며 사람의 목숨을 노리니 전 지구적 비상사태이다.

'코로나블루'가 사람들의 인정과 표정조차 앗아가 버렸다. 미소가 사라진 얼굴들이다. 손바닥 크기의 마스크 하나가 사람들의 감정을 짓눌러버렸다. 아니, 오가는 사람들의 죄없는 눈빛마저 경계하게 만든다. 익숙한 얼굴도 긴가민가하면 차갑게 외면하기 일쑤다. 그렇잖아도 개인주의가 팽배해 가는 세상에 거리를 두거나 만남을 자제하라니 이웃이나 친구 관계들이 더 소원해질 수밖에 없다.

소리 없는 전쟁시대다. 결코 얕볼 수 없는 코로나바이러스로 너나없이 바짝 긴장한 채 몸을 사리고 산다. 자영업자들은 생계의 위협에 직면하여 아우성이다. 사방을 두리번거려도 모두가 힘들다. 위기에 처했을 때 누군가 다가와 '땡'이라고 외치며 내 몸을 흔들어줄 사람이 필요한데 아무도 없다. 코로나바이러스 앞에선 모두가 약자요, 경계할 자이다. 제 몸 추스르기도 벅차 옆을 돌아볼 여유조차 잃어버렸다. 인내의 한계 상황에서 들려오는 건 한숨뿐이다. "여보세요, 거기 누구 없소? 어둠은 늘 그렇게 벌써 깔려 있어" 유행가 가사처럼 어둠만 짙어가고 있다. 이제 백신만 나오면 이 모든 불안과 어둠이 사라질까? 정말로 모든 것이 제자리로 돌아가는 풍경을 볼 수 있을까?

인간은 이 지구상에서 그동안 인간중심주의 왕좌에 앉아 무제한적으로 혜택을 누리며 살아왔다. 대량 생산에 발맞춘 대량 소비를 즐기는 대열에 예외없이 우리가 떠밀려 살아왔다. 자본주의 생리에 이미 적응된 몸으로서 더 편한 것, 더 좋은 것, 더 빠른 것을 좇아가는 문명의 노예가 되어버린 지 오래다. 안락함의 중독, 편리함의 개미지옥 속으로 빠져 들어갔다가 아차 싶어 이제야 탈문명을 외치는 역설의 시대에 우리가 살고 있다.

지구 곳곳에 드러나고 있는 기상이변은 앞으로 닥칠 크나큰 재앙의 전조 증상이다. 코로나 팬데믹도 일찍이 미래과학자들이 예상했던 현상 중 하나이다. 죽음의 질주를 멈추라고 자연이 아우성치고 경보음을 울려도 들은 척 하지 않던 지구인들이다. 우리 스스로가 방심하고 방관하다 자초한 결과가 이 코로나 팬데믹이다.

현재 진행중인 얼음땡놀이에서 '얼음'이 된 아이가 언제나 풀리려나? 오늘도 아이들의 발길이 끊긴 운동장에 모래흙을 뚫고 또 새로이 풀들만 무성히 올라오겠지. 운동장이 제자리로 돌아가는 풍경이 그리워진다.

세상 풍경 중에서 제일 아름다운 풍경
모든 것들이 제자리로 돌아가는 풍경.

돈과 치매

비틀거리는 걸음으로 한 할머니가 집 밖으로 나온다. 집 근처에 주차된 빨간색 자동차를 향해 힘들게 발걸음을 옮긴다. 구부린 한쪽 손엔 뭔가가 들려있다. 차체에 몸을 기대고 차의 손잡이에 비닐 봉투를 건다. 묶인 봉투를 여러 번 매만지다가 할머니는 비틀비틀 되돌아간다.

여러 차례 수상한 봉투를 발견한 차주가 경찰서에 신고해 드러난 CCTV 장면이다. 알고 보니 자기 아들의 차로 착각한 치매

노인의 행동이었다. 같이 살던 아들이 이사 간 사실은 까마득히 잊어버리고 아들의 차 색깔이 빨강인 것만은 기억하고 있던 할머니. 암보다도 무섭고 대책 없는 병이 치매라지만 질긴 모성애는 빼앗아가지 못했나 보다. 가난 속에서 애면글면 기른 아들에게 뭐라도 챙겨주고 싶은 어미 마음을 그 누가 막을 수 있으랴. 자식에게 어려서 먹을 것 풍성히 못 준 것이 걸리고, 공부 많이 못 시킨 것이 한스러운 할머니가 뉴스에 소개된 것이다.

거동조차 불편한 노인을 문 밖까지 걸어 나올 수 있게 한 힘은 어디서 나온 것일까? 주고 또 주어도 모자란 것이 자식에 대한 사랑이다. 줄 것이 부족해 애간장이 타들어갔던 그 세월이 이 노인의 가슴에 새파랗게 각인돼 있었나 보다. 이제라도 뭔가 생기면 모아 두었다가 자식에게 주려는 집념이 이 노인의 생명을 지속시키는 끈이 되었을 것이다. 비닐봉지에 겹겹이 싼 지폐, 떡과 과일 등을 자동차에 매다는 그 순간이 할머니에게는 더없이 행복한 시간이었을 것이다.

뉴스를 보면서 말년에 치매로 아이가 되어버렸던 시어머니 생각이 났다. 어느 날 퇴근해 보니 어머니가 만 원짜리 지폐를 조각조각 찢어 방바닥에 늘어놓았다. 돈이 많아졌다며 만면에 미소를 짓고 계셨다. 그 뒤부터 나는 지폐를 꼭꼭 감추는 데만

신경을 썼다. 그때 지폐를 여러 장 복사해서 어머니 곁에 놓아 드릴 생각은 왜 못 했을까? 그랬더라면 맺힌 한도 풀리고, 돈이 불어나는 행복감을 더 오래 맛볼 수 도 있었을 텐데 말이다.

치매에 걸리면 살아온 세월 중에서 가장 호시절, 아니면 가장 팍팍했던 시절을 소환해 거꾸로 가는 시간 속을 누비는 것 같다. 일찍 혼자 되셔서 7남매 학비 대기가 버거웠을 어머니. 자존심 강한 분이 며느리 앞에서도 가끔 한숨지으며 말씀하셨다. 자식들 학교 다닐 때 푼푼하게 뒤를 못 대준 것이 가슴에 맺혔다고. 어머니는 정신이 아슴아슴한 가운데 돈이 궁해 힘들었던 그날들이 떠올라 돈을 부풀리고 싶으셨을까?

치매는 참으로 얄궂다. 자녀들이 철들만 하면 노부모님을 철모르는 아이가 되게 한다. 어른들이 자식 분가나 손주 돌보는 힘든 숙제까지 다 마치고 홀가분하다 할 즈음 치매 손님이 찾아온다. 귀신도 부린다는 돈, 그 위력으로 치매노인을 공략하기는 식은 죽 먹기일 것이다.

어느 정신과 의사가 임종을 앞둔 환자들을 대상으로 "다시 태어난다면 어떻게 살고 싶은가" 조사를 해보았다고 한다. 이에 제일 많이 나온 답이 '즐겁게 살기, 용서하며 살기, 베풀며 살기' 순이었다. 우리 조부모나 부모세대는 대부분 암울한 시대 가난의 질곡에서 벗어나기 위해 몸부림치며 살아온 세대이다. 오직 자녀에겐 이 가난을 대물림하지 말자고 평생 갈퀴손이 되도록 일하고도 노후조차 웅숭그리며 살다 가신 세대다. 나의 부모님을 보더라도 젊어 체화된 절약 정신 때문에 늙어 여유가 생겨도 자신을 위해 즐길 줄도 모르고 살다 가셨다. 움켜쥐는 경험만 했지 손을 펴는 경험을 해보지 않아서이다.

윗세대에 비해 우리 세대는 비교적 평온하게 살아온 세대이다. 지금 우리가 역사 이래 가장 풍요롭게 사는 시대의 행운아라는 생각이 든다. 식민지와 전쟁을 겪은 나라치고 단기간에 이렇게 후진국에서 선진국으로 고속 성장한 예는 우리나라밖에 없다고 한다. 그러나 고속 성장의 그늘도 짙다. 자칫 과열 경쟁의 심화 내지는 빈부 차이의 극대화 등으로 민심이 사나워지고 분열될 가능성이 높다.

이제는 더 많이 소유하고 더 많이 축적하기 위해 전속력으로 달리는 행위를 멈춰야 한다. 옆을 보고 뒤를 돌아보며 손 내밀어 줄 여유를 갖고 살 때가 되었다. 몸과 정신이 아직 건강할 때 돈도 아름답고 빛나게 쓸 일이다. 몸과 마음을 옥죄며 살다가 말년에 이르러서야 '즐겁게 살 걸', '용서하며 살 것', '베풀며 살 걸' 후회한들 무슨 소용이 있겠는가.

남은 날 중에 오늘이 가장 젊은 날이다. 내일 일을 아무도 장담하지 못하려니와 누구라도 치매에서 자유로운 사람은 없다. 정신이 아직 맑은 오늘, 자신이나 남을 위해 마음도 베풀고 물질도 베풀고 살아야 나중에 덜 후회하리라. 돈이 삶의 목표이고 최고의 우상이 되어버린 세상에서, 지금 우리는 돈의 노예로 살고 있는가, 아니면 돈을 도구로 부리며 살고 있는가?

(2021년, 『모악에세이』 제20집)

죽어가는 사자상 앞에서

풍성한 갈기털로 위풍당당한 자태를 뽐내는 수사자는 포효하지 않아도 그저 어슬렁어슬렁 걸어가는 모습만으로도 위압적이다.

스위스 루체른에 오는 관광객이라면 누구나 찾는다는 곳, 바위에 새긴 사자상 앞에 섰다. 일명 '루체른의 사자Lion of Lucerne' 또는 '빈사瀕死의 사자상獅子像'이다. 그런데 이 누워있는 사자상은 용맹함과는 거리가 멀다. 부러진 창이 등 쪽에서 심장을 향해 깊이 꽂혀 있어 가까이 가면 신음소리가 들릴 듯, 축 처진 갈기 털에 싸인 사자의 얼굴은 처참하게 일그러져 있다.

1792년 프랑스 혁명 때, 루이 16세와 왕비 마리 앙투와네트를 보호하려다 많은 스위스 용병들이 희생되었다. 빈사의 사자상은 이들을 추모하기 위해 만든 상징적 조각물이다. 죽어가는 순간에도 사자는 부루봉 왕가의 문장紋章인 백합꽃이 새겨진 방패를 끝내 놓지 않고 발로 움키고 있다. 궁전이 시민 혁명군에 포위되자 다른 나라 용병은 물론 프랑스 왕실 수비대조차 도망쳐 버렸는데 오직 스위스 용병들만 그 자리를 지켰다고 한다. 프랑스 시민 혁명군이 스위스 용병들에게 퇴각할 기회를 주었는데도 거절하고서 786명 모두 장렬하게 최후를 맞은 이유가 무엇이었을까? 가족에게 보내려던 편지 한 통이 전사자 품속에서 발견되었는데 그 내용을 보면 이유를 짐작할 수 있다.

> 우리가 신용을 잃으면 후손들이 영원히 용병을 할 수 없기에 우리는 죽을 때까지 계약을 지키기로 했다.

중세 스위스가 가난했던 시절, '용병'은 스위스 젊은이들에게 수입이 괜찮은 하나의 직업이었다. 스위스는 자연적 기반으로

만 보면 대부분이 척박한 산악 지대여서 경제 발전을 기대하기가 매우 열악한 환경이다. 심지어 목초지조차 부족해서 말도 키울 수 없어 용병도 보병으로만 이루어졌을 정도였다. 국토의 1/4 정도만 경작이 가능한 땅임에도 불구하고 스위스가 어떻게 오늘날 경제적으로 풍요로운 나라가 되었을까? 또한 안정된 질서와 평화 속에 중립국으로서의 위상을 지켜내는 힘은 어디서 왔을까? 생명보다 계약을 더 중하게, 후퇴보다는 전사하는 것을 더 영예롭게 여겨 온 스위스 용병들의 정신력, 이들의 용기와 충성과 신의가 바로 험준한 환경 속에서 결핍을 딛고 일어서게 하는 뿌리가 되었을 것이라는 확신이 들었다.

가이드로부터 스위스 선조들의 아픈 역사 속 용병 이야기를 듣고 있자니 사자상은 슬픔 이상의 비장미가 서린 위령탑으로 새롭게 다가왔다. 스위스인에게 위로의 대상이 남의 나라 내전에 동원되어 주검이 된 군인이라니…. 이 통렬함을 딛고 일어선 스위스의 강인한 국민성을 다시 보게 되었다.

문득 어릴 적 동네 옴팡집에 살던 오빠 또래의 젊은이가 떠올랐다. 그 사람은 초등학교만 졸업하고 소작 농부인 부모를 도와 농사를 짓고 있었다. 마침 월남에 가면 돈 벌어 집에 부칠 수 있다는 소문에 파월장병으로 자원 입대했다고 한다. 그가 귀국한 후에 논을 사서 자작농을 하긴 했으나 고엽제 피해 후유증으로 시름시름 앓다 저세상으로 일찍 가고 말았다.

월남 파병 때 우리 정부의 명분은 애국과 반공이었다. 그러나 이런 이념과는 무관하게 그저 가난을 벗어나고파 생명을 담보로 참전한 동네 오빠 같은 사람이 많았다. 가족의 생계를 위해 참전한 군인이란 점에서 스위스 용병과 우리의 처지가 비슷하다. 또한 개개인의 희생 뒤에 국가적으로 얻은 게 많다는 점에서도 두 나라 상황은 비슷하다. 게다가 중세 유럽의 여러 나라 용병 중 스위스 용병이 최강자로 알려진 것처럼, 월남전에 참전한 여러 나라 중 가장 혁혁한 전과를 올리고 맹위를 떨친 게 바로 대한민국 군인이었다니 이 또한 닮은꼴이다.

최근에 본 영상 중, 우리나라 취재원이 탐문하여 소개하는 '한국군 증오비'는 믿기지 않을 만큼 충격적이었다. "하늘에 닿을 죄악, 만대를 기억하리라"로 시작되어 한국군이 그 마을에 피해 입힌 상황이 적혀 있다는 비문이 있었다. 증오비 옆엔 위령탑이 세워져 있고, 둘러친 벽면은 모자이크 벽화 타일이다. 모자이크화는 다름 아닌 한국군이 그곳 주민들을 살상하는 장면들로 이어져 있었다. 적과 적이 대치하는 전쟁이 아니라 민간인 학살의 만행을 여실히 고발, 증언하고 있었다. 이런 증오비가 베트남에 세 곳이나 있다고 한다.

더욱 가슴 아팠던 것은 취재원이 들려준 자장가이다. 그가 우연히 듣게 되었다는 어느 민간인 집단 학살 마을에 사는 할머니가 부르던 자장가 가사이다.

> 아가야, 너는 이 말을 꼭 기억하거라. 한국군이 우리를 폭탄 구덩이에 몰아넣고 다 쏘아 죽였단다. 다 쏘아 죽였단다. 아가야, 너는 커서도 이 말을 꼭 기억하거라.

소름 돋는 내용이다. 저들의 원한이 얼마나 사무쳤으면 이런 노래를 지어 아기 귀에 되뇌고 있을까? 역지사지해 보건대, 우리도 지금 일본군 위안부 피해자들의 아픔을 잊지 말자고 국내외 곳곳에 소녀상을 설치하고 있지 않은가. 역사의 아이러니 앞에 할말이 없다. 다만 물고 또 물어뜯기는 전쟁의 역사가 되풀이되지 않기만을 기도할 뿐이다.

스위스 용병들은 비록 전몰하였으나 스위스에서도, 프랑스에서도 오늘날 전혀 패배자로 인식하고 있지 않다. 오히려 프랑스인에게는 신용과 의리의 상징으로, 스위스인에게는 자긍심을 심어주는 충혼으로 추앙받고 있다. 우리는 어떠한가? 우리나라

30여 만 파월장병 가운데 5천여 명이 전사했다. 그리고 15000여 명의 부상자 외에도 수많은 고엽제 피해자가 있다. 이들은 자원이든 차출이든 나라의 부름을 받고 전장에 나가 온몸을 바친 우리의 젊은이들이다. 이들을 우리는 '참전유공자'라 부르지만 한국군 증오비를 세운 베트남 주민들에게는 어떻게 기억될 것인가?

빈사의 사자상을 다시 바라보았다. 십자가 방패 대신 태극기 방패를, 백합 문양 방패 대신 성조기 방패를 대입해 다시 보았다. 한국군 청룡, 맹호, 백마는 과연 자유 수호의 희생자로, 반공의 기수旗手로 영원히 세인들의 가슴에 새겨질 것인가? 아니면 미국의 청부전쟁 용병이란 이미지로 남을 것인가? 지레 열없는 상상을 하며 발길을 돌렸다.

오늘날 월남파병에 대한 역사적 평가는 엇갈리고 있다. 가난이 도적이요, 죄라지만 전쟁은 어떤 명분으로도 미화해서는 안 될 일이다. 양지 뒤에 반드시 음지가 있다. 우리나라는 월남전을 기점으로 나라 경제가 살아났다지만 베트남에 대해선 마음의 빚을 진 나라이다.

(2020년, 『전북문단』 90호)

은퇴 후의 삶

직장에 얽매었던 시간을 보상이라도 하듯 퇴직하자마자 빨빨대고 국내외로 여행을 다녔다. 내 좁은 식견을 넓히며 자유를 만끽하자는 명분을 스스로 앞세웠다. 어쩐지 집안에만 들어박혀 있으면 내 자신이 쪼그라드는 느낌이 들었다. 고백하건대 홀로 있는 시간의 내밀한 풍요를 즐길 줄 모르는 자의 허세 같은 것도 일부 끼어있었던 것 같다. 명분도 희미해지고 여행 재미도 시들해질 무렵, 코로나19가 닥쳐 돌파구를 찾기 시작했다. 혼자 있는 시간 즐기기, 집안에서 의미 있는 일 찾기, 자신을 돌아보는 시간 갖기 등 정적 활동으로의 전환은 새로운 의욕을 불러일으켰다. 고요한 시공간 속으로 깊숙이 들어앉아 책읽기와 글쓰기에 몰입할 수 있는 절호의 기회였다.

대부분 현대인들은 일 속에 파묻혀 자신을 돌아볼 새도 없이 바쁘게 살아가고 있다. 심지어 은퇴 후에도 바쁨을 강요하는 사회 분위기라서 집밖으로 나오지 않으면 낙오자로 보는 시선이 있다. 변화, 발전하는 속도 전쟁에서 살아남기 위해 경쟁이 일상화가 된 삶을 살아온 탓일 것이다.

우리는 자칫 일, 직업을 자신의 정체성과 동일시하는 경향이 있다. 어느 퇴직을 앞둔 원로 교사가 '출근부'가 없는 삶은 상상하기조차 싫다고 했다. 천진하면서도 진지한 표정을 지으며 그동안 고민 끝에 세웠다는 방책을 동료들 앞에 털어놓았다.

"출근부를 만들어 단골 다방에 미리 맡겨둔다. 평소 출근하듯 매일 신문을 들고 다방으로 출근한다. 다방 아가씨와 눈인사를 나눈 후 출근부에 도장을 찍는다. 친구를 불러 점심을 같이하고 가벼운 산책을 하다가 귀가한다. 매달 25일 월급날이면 연금을 찾아 아내에게 월급봉투를 갖다 준다."

겉으론 의기양양한 척하지만 직장을 떠남과 동시에 자신의 정체성이 없어질 것만 같은 불안감이 엿보였다. 또한 가장으로서의 권위를 잃지 않을까 하는 두려움이 진하게 느껴졌다. 오래 전 일이긴 하나 앙상한 겨울나무 가지 끝에 부르르 떨며 매달려있는 나뭇잎처럼 쓸쓸하고 애처롭게 느껴지던 그분의 모습이 아른거린다.

평생을 직장에 충성하고 가정을 위해 헌신한 몸, 이젠 우렁찬 박수를 받으며 어깨를 펴고 당당히 나서야 할 은퇴자들이다. 취미 한두 가지 즐기면서 휴식의 특권을 누려야 한다. 그런데 의외로 자유롭게 주어진 시간을 주체할 줄 모르는 사람이 많다. 홀로 있는 시간을 즐기고 활용할 수 있는 내공이 부족한 결과다. 어깨가 축 처진 은퇴자들이 경계선상에서 흔들리고 있다.

직장은 은퇴가 있어도 삶에는 은퇴가 없다는 말을 새겨듣고, 모름지기 은퇴 후의 삶을 미리 준비해 두어야 한다. 은퇴라는 물러남은 곧 또 다른 세계로의 출발점이기도 하다. 떠날 때와 머무를 때를 아는 지혜, 취미 활동으로 여가 즐기기, 적절한 심신 단련은 은퇴 후의 삶을 아름답게 이끌어 가는 필요충분조건이다.

(2021년 10월, 『수필과비평』)

격세지감

누가 말했던가, 21세기는 여성의 시대가 될 것이라고. 우리 집은 벌써 여성이 점령해 버렸다. 은퇴한 남편은 운동을 일삼아 밖으로 나가기 때문에 낮에는 여자들 세상이다. 친정이라고 마음 푹 놓고 컴퓨터 방을 차지한 채 공부하고 있는 딸, 거실 전체를 유아방 놀이터로 알고 헤집어놓은 외손녀, 안방은 내가 장악하고 산다.

외손녀는 잠투정할 때면 떼쓰며 울다가도 금세 천사의 모습으로 잠들어 있다. 그 천사 곁에 지쳐 너부러진 딸도 눕는다. 외손녀 얼굴에서 딸의 모습을 본다. 남들이 딸의 얼굴에서 내 모습을 보듯이. 닮은 것이 어디 얼굴뿐이랴. 모계 3대를 이어주는 보이지 않는 끈이 분명 있으리라. 3대가 각기 살아온 시대와 환경이 다를지라도 관통하는 어떤 속성인가는 DNA로 전수되었을 것이다. 내 안의 피가 외손녀의 피에 섞여 흐른다는 생각을 하면 전율이 느껴진다. 외손녀를 품에 안으면 황홀하다. 아기의 살빛처럼 고운 치자꽃, 그 진하고 달콤한 치자향이 아기 몸에서 배어나온다.

칠 개월째 외손녀를 돌보며 조금씩 달라지는 아기 모습을 지켜보고 있다. 세상에 예쁘지 않은 꽃이 없듯 사랑스럽지 않은 아기는 없다. 아기는 봄 새싹처럼 매일 새로운 기쁨을 뿜어낸다. 아기가 잠들어 있는 시간 외엔 아기에게서 눈을 뗄 수가 없다. 그러다보니 몸이 고단하다. 맞벌이하느라 아들, 딸 내 손으로 살뜰히 돌보지 못한 미안함을 조금이라도 상쇄하고 싶어 고단한 내색 없이 손녀랑 놀아준다.

여성직업으로서 선호의 대상이던 교직도 삼사십 년 전에는 출산휴가가 딱 한 달이었다. 출산 후유증인 몸의 부기도 다 빠지기 전, 뼈마디가 제자리를 잡기도 전에 교단에 서야만 했다.

젖몸살을 앓으며 여름 블라우스에 유즙이 배어나와 당황했던 적도 있고, 졸음에 겨워 교단 위에서 책을 읽어나가다 한 줄 건너뛰고 읽던 실수도 생각이 난다. 그때만 해도 직장여성이 많지 않았던 때라 임신한 몸으로 일터에 나가는 것이나 출산 휴가를 쓰는 것조차 눈치보며 몸을 사리던 시절이었다.

당시 사립학교는 여교사라면 미혼만 채용했고 그마저 결혼하면 사직하겠다는 서약서를 공공연히 받는 학교도 있었다. 서약서는 안 쓰더라도 결혼과 동시에 사직하는 것이 불문율인 사학이 많을 때였다. 명분이야 어떻든 이것은 분명 재단 측의 횡포요, 엄연한 성차별인 줄 알면서도 순응할 수밖에 없는 시대 분위기였다. 그야말로 고질적인 관례요, 갑을 관계였다. 내가 몸담았던 사립학교는 다행히도 그런 면에서 상당히 앞서가는 학교여서 결혼을 이유로 잘리지 않고 35년간 봉직할 수 있었다.

지금 내 곁에 직장에서 1년의 출산 휴가를 얻어 친정에 와 있는 딸을 보면 격세지감이 든다. 나 때에 비해 양육과 직업을 병행하기 좋게 환경과 조건이 많이 개선되었다. 그래도 요즘 젊은 여성들에게 결혼이냐, 취업이냐 택일하라면 선뜻 취업이라 할 것이다. 결혼은 옵션이고 취업은 필수라는 말이 농담이 아닌 현실이다. 기성세대는 인구 감소를 걱정하며 연애, 결혼, 출산을 포기하는 3포 세대를 곱게 보지 않는다. 나도 그 점에서는 자연의 순리를 어그러트리는 일이라며 나무라던 사람이다.

입장을 바꿔 젊은이 편에 서서 생각해 보자. 취업 준비에 올인하다 보면 연애할 시간도 없고 취업 재수, 삼수에 혼기를 훌쩍 넘기기 쉽다. 평생을 좌우하는 일이 취업과 결혼이다. 그런데 자칭 흙수저인 젊은이들에게 취업문은 좁기만 하다. 설령 취업을 했다 해도 그 일에 적응하기도 바쁘고 벅찬데 결혼이라니…. 출산, 육아는 높고 험준한 산처럼 보일 것이다. 게다가 결혼을 떠올리면 신혼집 마련이라는 숙제가 먼저 압박해 오기 때문에 철부지가 아니고야, 금수저가 아니고야 뒷감당 못할 일을 저지를 수 있겠느냐는 것이다.

이제 젊은 여성에게 초점을 맞추어 보자. 이미 취업을 한 여성들은 '경단녀'가 되지 않으려고 발버둥친다. 얼마나 어렵게 들어간 직장인데 결혼이나 출산, 육아 때문에 사회 진출에 손해를 보란 말인가. 이쯤되면 머리 복잡한 것 딱 질색인 신세대들이 편하고 자유롭게 살고 싶어 '욜로you only live once족'을 선언한다. 갈수록 1인 세대, 1인 가구가 늘어나는 추세는 막을 수 없을 것이다.

요즘 들어 젠더 갈등이 여기저기서 불거지고 있다. 여성의 목소리가 커지면서 남성이 역차별 받는다는 등, 우리나라가 서서히 모계사회로 돌아가고 있다고 푸념하는 소리가 항간에 들린다. 직장 내에 엄연히 작동되고 있는 남녀차별의 벽을 뚫고 나갈 용기있는 여성, 자아실현욕구가 강한 신세대 여성들이 늘고 있는 것은 바람직한 일이다. 이들은 육아문제로 고심을 하면서 도움 요청할 곳을 찾아다닐지언정 퇴사할 생각은 없다. 이들에게 응원의 박수를 보내고 싶다.

고려시대 생활 풍습을 보면 남녀가 비교적 평등한 권리를 누렸다. 여성의 재혼의 자유, 자녀 균등 상속, 부부별산제夫婦別産制 등 현대적 안목으로 보더라도 상당히 진보적이고 현실적이었음에 놀라지 않을 수 없다. 그러다가 조선시대 가부장적이고 여성차별적인 사상이 깃든 성리학의 영향으로 여권은 땅에 떨어지고 말았다. 여러 사료에 의하면 조선시대에는 시집을 가는 것이 일반적이었으나 고려시대에는 남자가 장가가는 것이 일반적이었다고 한다. 또한 고려시대 결혼식은 보통 신붓집에서 치렀고 이후 한동안 신혼부부는 신붓집에서 살면서 자식을 기르다 보니 손주들이 외조부모 보살핌을 받는 것이 상례였다고 전해진다.

육아 문제는 각 가정의 일이기도 하지만 미래 세대를 이어갈 나라 전체의 일이기도 하다. 출산한 아기 엄마 입장에선 육아 도움을 받기 위해 마음이 편한 친정 부모 곁을 찾는 것이 인지상정일 것이다. 딸들의 심기를 불편하게 하는 '출가외인' 이니 '모계사회'라는 말을 들먹일 때가 아니다. 자식이 연애만 해도 감사, 결혼하면 갑절 감사, 출산하면 곱절로 감사할 일이다. 정부에서 신혼 청년들의 안정을 위해 다각도로 대책을 세우고 있다만, 육아를 위해선 시집이든 친정이든 돌봄이 가능한 대로 손을 보태야 한다. 인구절벽이 웬 말인가!

블랙프라이데이,
한글날

롯데 그룹의 창업주는 한때 문학 소년이었나 보다. 『젊은 베르테르의 슬픔』을 감동적으로 읽고 베르테르가 짝사랑한 여인 '샤롯데Charlotte'를 떠올리며 회사명을 지었다고 전해진다. 롯데는 롯데월드타워 광장에 괴테의 동상까지 세우면서 창업주의 정신을 이어받으려는 의지를 보여주고 있다. 그러나 롯데가의 재산 싸움인 '왕자의 난'으로 인해 창업주의 순수했던 낭만주의는 빛이 바래고 롯데가家의 이미지도 많이 추락하였다. 이런 와중에 기자의 질문에 창업주의 장남이 나와서 답변하는데 그의 말소리가 어색해서 귀를 쫑긋하지 않을 수 없었다.

"업스므니다." (없습니다)

"썬시리 임하겠스므이다." (성실히 임하겠습니다)

"간사하니다." (감사합니다)

아무리 일본에 살았다 해도 본인 국적이 한국이고, 아버지의 나라가 한국인데 환갑을 넘긴 나이에 한국말 실력이 저 정도일까? 우리나라 시장 경제의 한 축을 쥐고 있는 롯데가家의 핵심 인물이라서 나의 기대치가 높았나? 적이 실망스러웠다. 저 정도의 구사력이라면 우리말을 배우려는 의지가 없는 사람이었겠구나 싶었다.

『혼불』의 작가 최명희는 언어는 정신의 지문指紋이고, 모국어는 모국의 혼이라고 했다. 오래전 내가 미국 한인교회에서 교포의 자녀들에게 한국어를 가르칠 기회가 있었다. 그때 교포로부터 들은 이야기가 있다. 교민 2세가 우수한 성적으로 고교를 졸업하고 하버드대에 지원했다가 불합격 통보를 받았다. 그 뒤 자기보다 학교 성적이 낮은 학생이 합격된 사실을 알았다. 억울한 생각이 들어 불합격 사유를 알아보러 대학에 찾아가 물었다. 그랬더니 이민자로서 모국어도 할 줄 모르면서 어떻게 글로

벌 시대에 지도자가 될 수 있겠느냐고 되묻더란다. 이 소문이 한인들 사이에 퍼지면서 갑자기 한글 공부에 새바람이 불어 대부분의 한인교회에서 주말 한글학교 프로그램이 성황을 이루게 되었다고 한다.

당시 남편의 교환 교수 시절, 배우자 동반 휴직이 허용되어 부담없이 외국 생활을 즐겨 보리라 마음먹고 따라갔다. 그런데 한인교회에서 한글학교 봉사자를 찾는다는 광고를 보니 국어 교사라는 신분을 더이상 감추고 있을 수가 없었다. 가끔 그때 만났던 이민 2세, 혹은 3세인 한글반 학생들이 생각난다.

이들의 한국어 실력은 천차만별이었다. 초등학생 실력이 SAT II를 준비하는 고등학생보다 나은 경우도 있었다. 대부분의 미국 명문대입시에서 제2외국어 점수를 요구하는데 우리나라 이민자 자녀들은 미국에서 지정한 제2외국어 9개 중 하나인 한국어를 선택한다. 한글 수업을 하다 보니 학생의 한국어 구사 능력이 학부모의 가치관이나 의식 수준에 따라 다르다는 것을 알게 되었다. 요즘은 우리나라의 경제 성장과 한류의 열풍 때문에 교포뿐 아니라 한국어를 배우려는 외국인들이 늘어난다니 놀랍고 감격스러울 따름이다.

전 세계의 0.2%, 미국 인구의 2%밖에 안 되는 소수 인종 유태인이 여러 분야에서 미국을 움직이는 중심축을 이루고 있음은 널리 알려진 사실이다. 이러한 저력은 대체 어디에서 나오는 것일까? 나라 없는 설움을 안고 2천 년 동안 세계 각지에 흩어져 살면서도 그들은 언어와 종교 그리고 역사와 전통을 전수 계승해왔다. 그중에서도 그들의 언어를 끝내 지켜왔다는 사실은 우리가 주목해 볼 일이다. 온갖 역경 속에서도 히브리 스쿨을 운영하면서 자기 민족의 언어를 철저히 익히고 보전해 왔다.

우리나라는 어떠한가? 어려운 한자말 아니면 영어, 또는 국적 불명의 언어가 난무하는 대한민국이 되어버렸다. 집 가까이 있는 롯데마트에 갔다. 모르고 갔는데 '블랙프라이데이 세일'이 시작되는 날이었다. '블랙프라이데이 세일' 광고가 곳곳에 나붙었다. 미국에서는 매년 11월 넷째 주 목요일 추수감사절, 그 다음날인 금요일부터 시작하여 크리스마스 전후, 연말 연초까지 크게 벌이는 할인 판매기간을 그렇게 불렀다. 어찌된 영문인지 롯데마트의 '블랙프라이데이 세일'은 시월 초순 무렵이었다.

간판을 보나 상품명을 보나 영어가 한글을 뒤엎을 기세다. 신세대 소비자를 겨냥하려면 영어 문구라야 선전 효과가 크다는 생각일까? 쉽고도 아름다운 우리말글을 홀대하는 현상이

어제 오늘의 일도 아니고, 롯데만의 문제가 아니다. 십분 양보해서 옷을 비롯한 물건 등은 세계 각지로 수출될 가능성을 보고 세계 공용어인 영어 이름을 붙였다 치자. 그렇다면 우리 땅에 세운 아파트는 왜 그렇게 어려운 이름표를 달고 서 있어야 하는지 아무리 생각해도 이해가 안 된다.

국어의 오염이 도를 넘은 지 오래다. 그런데도 언어의 사회성을 명분 삼아 흘러가는 대로 방치해버리면 국어는 도대체 누가 지켜줄 것인가? 서구화가 곧 근대화요, 선진화라는 의식이 개화기 무렵부터 우리 뇌를 서서히 잠식하면서 우리 고유의 것을 열등하게 보는 성향이 국민 대다수에게 내면화된 것이 아닌가 싶다.

세계 언어 중에서 한글이 가장 과학적이고 익히기 쉬운 언어라는 것은 이미 입증된 사실이다. 해마다 유네스코에서 문맹 퇴치에 공이 큰 단체나 개인을 선발하여 '유네스코 세종대왕 문해상(Unesco King Sejong Literacy Prize)'이라는 이름으로 상을 준다. 이것이 시사하는 바가 무엇이겠는가? 우리말글이 촌스럽고 부끄러운 게 아니라 세계적으로 인정받는 우리 국어를 스스로 푸대접하는 우리 국민성이 부끄럽다는 생각이 든다.

세계화의 급물살을 타고 여러 분야에서 우리나라의 위상이 높아지고 있는 이때, 우리 고유의 것 중에서 가장 자랑스러운 것 하나를 들라면 나는 지체없이 '한글'을 꼽을 것이다. 더구나 컴퓨터 자판이 주요 필기도구가 되어버린 현대 정보화 시대에 자판에 글자를 입력하는 속도를 측정해본 결과 한글을 따를 언어가 없다고 한다. 한글은 명실공히 정보통신(IT) 시대에 가장 경쟁력 있는 디지털문자이다. 세종 때 만들어진 한글이 현대 컴퓨터시대에 맞춤한 글자가 되었다니 실로 예지력 최고의 언어 아닌가! '블랙프라이데이 세일'이 시작되는 그날이 하필 한글날이어서 씁쓸함을 더욱 감출 수 없었다.

(2015년 11월, 『수필과비평』)

머시 말세인디

- 말세 1 -

차장 밖으로 담배꽁초를 아무렇지도 않게 내던지는 손목들을 볼 때면 오래전 일이 떠오른다. 학교 건물 안이 금연구역으로 선포되기 전 일이다. 그날 아침도 잰걸음으로 교무실에 들어섰다. 일찍 출근한 몇몇 선생님들의 표정이 떨떠름했다. 교무실이 왠지 싸늘한 분위기였다. 자리에 앉으며 보니 내 책상 위에 작은 메모지 한 장이 놓여 있었다.

선생님, 화단 청소할 때마다 꽁초 줍는 일이 힘들어요.

제발 담배꽁초를 쓰레기통에 버려 주세요.

'쓰레기는 쓰레기통에'

잊지 마세요!

그러고 보니 교무실 안 모든 선생님들 책상 위에 똑같은 쪽지가 놓여 있었다. 복사물이 아닌 손글씨였다. 또박또박 반듯한 글씨체였다. 누구일까? 얼마나 많이 고민하고 궁리했을까? 아무에게도 들키지 않고 이 모험을 감행하려고 어린 여학생이 꼭두새벽에 등교했을 것 아닌가. 교무실 앞에서 콩닥콩닥 가슴은 또 얼마나 뛰었을까.

"참말로 이제는 나이 어린 학생놈들이 선생을 가르치려 드네. '말세'라니까 '말세'!"

붉으락푸르락 씩씩대던 D 선생의 볼멘소리는 때맞춰 울린 전화벨 소리 때문에 잠시 끊겼다. 평소 '금연'이란 글자만 봐도 기분이 나빠진다는 위인인데, 학생놈이 담배꽁초를 들먹였으니 화가 치밀어 오를 수밖에. D 선생은 어쩔 줄 몰라 하며 자리에 앉지도 않고 책상 주변을 서성거렸다. 전화벨이 울리지 않았더라면 밥은 끊어도 담배는 못 끊는다, 왜들 기호 식품 가지고 이러쿵저러쿵이냐, 남의 정신적 즐거움을 빼앗는 것도 인권유린이라는 둥 당치도 않는 장광설을 또 늘어놓았을 것이다.

넓지 않은 교무실 내에서는 통화 소리도 때로 소음이다. 휴대폰이 없던 때라 목소리 큰 사람은 교무실 대표 전화 앞에서 사생활이 노출되던 시절이었다. 담배꽁초 문제로 격앙되었던지 전화받는 D 선생의 목소리 톤이 평소보다 더 높아졌다.

"김 사장, 바쁜가? 어젯밤 전화해도 안 받더만!"

"……."

"내 조카녀석, ○○○, 자네 회사에 입사 원서냈응게 알아서 혀! 자네가 사장하고 좀 친한 사인가? 자네만 믿네. ○○○ 이름 잘 적어두고."

"……."

상대방이 한참이나 길게 대꾸를 하는 모양이다. 아마 동창생 중 제일 잘나간다던 모 중소기업 간부와의 통화인 것 같다. 전화를 끊더니 평소 말상대 잘해 주는 동료를 향해 한마디 던진다.

"요즘 노조가 있어 사장 맘대로 사람도 하나 못 뽑는다니 말이 돼?"

"글쎄 말입니다. 사장이 그런 맛도 없으면 무슨 재미로 사장합니까? 노조들 지랄하는 짓들 보면 참, 세상 '말세'예요. 인간 말종들이 모여 노조나 만들고……."

오늘은 아침부터 두 사람의 말세 타령을 듣고 시작하는 날이다.

- 말세 2 -

A층 여자! 남편 몰래 딴 남자랑 놀아나는 것, 남편 눈에 들키지만 않았지 목격자가 한둘이 아니니 마땅히 이혼감 아니냐고 아파트 통로가 시끌벅적하다. 그 소문은 아파트 엘리베이터가 오르락내리락할 때마다 보태지고 부풀려져, 이웃 소식에 무신경한 내가 알게 된 때는 이미 사건이 일단락된 뒤였다. 소문은 끝내 남편 귀에 들어갔고 그 남편은 사춘기에 접어든 자녀들을 위해 고심 끝에 장인, 장모 모셔놓고 이혼 각서를 받아 둔 다음, 부인을 용서해 주었다는 말이 나돌았다. 그때 아내의 간곡한 사죄로 남편의 마음이 움직였는지, 이혼 각서가 무서워 여자가 정숙해졌는지 알 수 없는 일이나 그 후 그 부부는 잘 지내는 것 같아 보였다. 부부가 팔짱끼고 다니는 모습도 여전했다. 어쩌다 마주치면 먼저 알은척 하는 A층 여자의 표정은 밝기만 했다. 그

래도 끊이지 않고 통로에 말풍선이 날아다니는 것은 입 큰 B층 여자의 오지랖 때문이다.

"남자는 수컷 본능이 있어서 그럴 수 있다고 쳐! 그렇다고 어떻게 자식 딸린 여자가 그러고 다녀? 이혼 않고 데리고 사는 그 집 남편은 참말로 성인군자 아니면 병신이지, 안 그래? 남들이 우리 아파트 주민들을 뭘로 보겠어. 그런 여자가 우리 통로에 같이 산다는 게 우세스럽잖아? 하여간 '말세'는 '말세'여."

성 평등의식이 점차 확산되고 있다. 성 문제에 관한 한, 국가도 가정의 울타리를 침범하지 말아야 한다는 게 대세이다. 이런 마당에 남의 집 침실까지 엿보며 이말 저말 물어내는 B층 여자의 호기심을 딴 데로 돌릴 방법은 없을까? 요즘 여기저기서 미투의 외침이 커지자 가해 남성들이 하나 둘 고개를 숙이고 있는 판에 B층 여자는 말세 타령을 하면서도 왜 수컷의 본능에는 그렇게나 관대하실까, 그것이 궁금하다.

- 말세 3 -

내가 다닌 시골 초등학교는 학년마다 3개 반으로 나뉘어져 있었다. 나는 6학년 1반에 속했다. 1학기 중반쯤에 3반에 속해 있던 덩치 큰 여학생이 우리 반으로 전학 아닌 전반을 왔다. 고개를 푹 수그리고 담임 선생님의 뒤를 따라 들어와 맨 뒷자리에 가 앉았다. 선생님의 소개가 없어도 우리는 그녀를 잘 안다. 그의 남동생이 우리 반에 있기 때문이다. 당시는 중학교 입학시험이 치열하던 때였다. 그녀는 말하자면 6학년 재수생인 셈이다. 그녀는 여학생 짝이 없어서 그날부터 거의 처음 앉은 자리, 1분단 끝줄에 혼자 앉았다. 담임 선생님보다도 키가 큰 그의 남동생의 자리도 다른 분단 끝자리로 고정석이었다.

그녀는 친절하고 마음씨가 고와서 우리가 언니처럼 따랐다. 그녀는 얼굴이 잘 빨개지는 부끄럼쟁이었다. 왜 우리 반으로 왔냐니까 "그냥 1반이 좋아서."라며 배시시 웃기만 했다. 이러구러 세월은 흘러 우리는 성인이 되었고, 서로 가까운 곳에 살게 된 이후 자주 만나는 절친 사이가 되었다. 친구가 먼저 물었다.

"내가 6학년 때, 왜 너의 반으로 옮겼는지 아니?"

"그러게? 네 동생도 있어 껄끄러웠을 텐데 왜 하필 우리 반으로 온 거야?"

"1반 선생님이 잘 가르치신다는 소문도 있었지만 사실은 3반 담임 때문이었어."

이 친구는 상당히 신체 발육이 조숙했다. 아마 여학생 중에서 키나 몸집이 제일 컸을 것이다. 그가 재수생으로서 처음 배정받은 반은 3반이었다. 3반 담임 선생님이 방과 후에 가끔씩 부진한 과목 가르쳐 준다고 남으라 하고는 몸 더듬기를 하더란다. 참다 참다 도저히 견딜 수 없어 부모님께 말씀드렸다는 것이다. 20년도 더 지난 일을 내게 끄집어 낸 이유가 있었다.

"엊그제 우리 딸 입학식장에서 봤어. 틀림없는 그 인간이었어."

"정말?"

"응. 입학식 안내장에 적힌 교장 이름을 보고 움찔했지만 흔한 이름이어서 동명이인이려니 했지. 그런데 위풍당당하게 연단에 오른 얼굴을 보니 소름이 돋더라. 도덕군자 같은 입학식 축사에 구역질이 났지만 딸 때문에 자리를 뜰 수도 없어 식이 끝날 때까지 고역을 치렀단다."

"어머, 무슨 이런 악연이 다 있다니?"

"그 인간은 초등생인 나를 갖고 장난감 만지듯 놀았겠지만 내겐 평생 지워지지 않는 악몽이었어. 저런 놈의 인격자가 벌써 교장이 됐다니 '말세'는 '말세'다."

내 기억 속의 3반 선생님은 우리 담임에 비해 젊고 세련되고 늘 말쑥한 차림새였다. 친구가 구역질났다던 입학식 축사는 어떠했을까 상상해 보았다. 미래의 꿈나무들을 내 자식처럼 사랑하고 올바른 길로 지도하겠으니 믿고 맡겨 달라고 학부모 앞에서 결의에 찬 다짐을 했으리라. 단정한 용모에 근엄한 자태, 마음을 사로잡는 말솜씨 등 자녀들보다 더 기대에 부푼 입학식장의 학부모 눈에 그 얼마나 믿음직스러운 교장선생님이었을까?

- 말세 4 -

딸이 대학생일 때 교회를 열심히 다녔다. 자기 교회 목사님이 얼마나 훌륭한 분인지 보라며 그의 저서를 여러 권 소개해 준 적이 있다. 또 새벽예배를 참석하면 영의 양식과 육의 양식(아침 식사)까지 공급받을 수 있다고 자랑까지 했다.

대부분 교회가 갈수록 교인 수는 줄어들고 신도의 고령화가 심각하다고 아우성인데 이 교회는 젊은이들이 구름떼같이 몰려들며 부흥의 열기로 뜨거웠다. 신도 수 2만여 명의 대형 교회다. 그 중심에 서 있던 J 목사는 젊은이들에게 희망과 열정과 성공 의지를 심어주는 정신적 지도자로 추앙받아 왔다. 당연히 교계에서 성공 모델 목회자로 부러움을 한몸에 받던 중이었다. 그러다가 2010년 교계를 떠들썩하게 했던 여신도 성추행 사건의 진상이 줄줄이 드러나면서 명성은 물거품이 되고 말았다. 새벽예배까지 다니던 우리 딸이 받은 실망과 배신감은 이만저만이 아니었다.

J 목사는 그 교회를 사임하고 나서 2년 뒤에 그곳에서 멀지 않은 곳에 또 하나의 교회를 개척하였다. 감히 하나님이 세우신 성직자를 몰아내다니 '말세로다' '말세로다' 광분하며 따르는 무리를 이끌고 새로운 비즈니스, 성공 모델을 만들어가고 있는 중이다. J 목사는 여전히 설득력 있고 매끄러운 화술로 연약한 영혼들을 뒤흔들어 놓을 것이다. 또한 위선의 탈을 벗지 않은 채 순수한 젊은이들에게 세속적 성공의 열망을 불어 넣어 주는 웅변가로 활약할 것이다. 새로 개척한 자기네 교회로 인해 주변의 땅값이 계속 올라가고 있는 것을 보면 부흥은 시간 문제라고 기염을 토했다고 한다.

우리나라 역사의 방향을 바꾼 민주 시민들의 '촛불혁명'을 비방하고 방해하던 태극기 부대가 여전히 부패 정권을 감싸고 있듯이 교회에도 태극기 부대가 존재한다. 그네들에게 목사는 하나님과 동격이다. 무조건 복종이 축복의 통로다. 목사의 말을 신봉하며 상식과 분별력을 상실한 채 그들만의 천국에 갇혀 사는 사람들이다. 목사의 악행이 만천하에 드러나도 "너희 중에

죄 없는 자가 먼저 돌로 치라."는 성경 구절을 내밀며 목사를 비호하는 세력들이다. 저들은 목사를 치는 자는 반드시 하나님이 친다는 주술에 걸려 이성이 마비된 자들이다.

교회 내 태극기 부대의 환호성에 고무된 표리부동한 목사일수록 한결같이 말이 번지르르하다. 목사의 말에 홀린 맹신자들은 목사가 성범죄자든, 사기꾼이든, 어떤 불의를 저질러도 무조건 덮어주는 것이 용서요, 사랑이라고 믿는다. 교회를 위한 어떤 건전한 비판도, 개혁 의지도, 불의에 분노하는 것도 맹신자의 눈엔 믿음 없는 자의 소행이요, 사탄의 못된 짓거리일 뿐이다.

악화가 양화를 구축하는 일이 교회 내에도 비일비재하다. 이 때문에 교회마다 갈리고 찢기고 상처투성이다. 나무 밑에 있으면 숲을 볼 수 없고, 자기 안에 갇혀 있으면 자신을 바로 볼 수 없는 법이다. 몇몇 분탕질의 주모자들로 인해 교회는 탐욕과 위선으로 회칠한 무덤이 되어가고 있음을 교회 밖에서 먼저 알고 손가락질하고 있다. 목사가 아니라 '먹사'요, 기독교가 아니라 '개독교'라는 비아냥이 근거없는 야유가 아님을 알기에 나 또한 크리스찬이라고 드러내기가 부끄러울 정도이다.

바닷물이 썩지 않는 것은 2%의 소금 성분 때문이라고 한다.

혼탁한 세상 속에서 그나마 소금의 역할을 다하는 목회자와 신자들에게 감사하고 미안하다. 예수님 닮은 삶을 살기 위해 오늘도 자신을 내려놓고 험한 길, 좁은 길, 십자가의 길을 묵묵히 걷고 있는 신실한 크리스찬들이 건재하기에 여전히 희망은 남아 있다.

내 눈 속에 들보가 있는 줄도 모르고 남의 눈 속 티끌만 보고 왈가왈부하는 내 자신이 사실은 뒤가 켕기고 오금이 저린 까닭에 '말세'가 더디 오기를 간절히 바라는 사람이다. 고백하건대 오늘날 교회의 부패가 극에 달한 모습을 하나님이 더이상 좌시할 수 없어 '말세'를 하루라도 더 당기지 않으실까 두렵고 떨릴 뿐이다.

(2018년 5월, 『수필과비평』)

피 같은 돈

젊은 가장이 멀쩡히 잘 다니던 은행을 그만두고 주식 놀이에 빠졌다. 남들 보기에 '놀이'이지 본인으로선 새로운 직업으로의 전환이었다. 처음에 사직 의사를 밝혔을 때 펄쩍 뛰던 그의 아내도 두 손 들고 말았다. 끝내 허락할 수밖에 없는 타당한 이유가 너무나 많았단다. 가깝게 지내던 사이라서 그 가장의 변辨을 듣게 되었다.

"매일 출근할 필요가 없다. 직장에서 눈치봐 가며 주식 시세를 살피지 않아도 된다. 집에서 놀면서 가끔 컴퓨터 앞에 앉아 클릭만 잘하면 월급보다 많은 돈이 들어온다. 부부간 바쁘게 출퇴근 생활하느니 한 사람이 퇴사하면 집안일은 물론 아이들 보살피는 일이 수월해진다. 그동안 주식으로 재미를 톡톡히 본 것이 증거가 되지 않느냐. 시간 여유만 있으면 더 많이 벌 수 있다."

확신에 찬 그의 주장에 귀기울이던 사람들 중엔 이 자유스런 영혼의 소유자를 부러워하는 자도 있었다. 그가 퇴사 후 얼마 안 돼 식구들을 데리고 외국으로 이민을 가는 통에 '주식도사'의 소식은 끊기고 말았다. 한참 뒤 그 가장이 많이 아프다는 소식이 들려왔다. 이민 후유증 내지 몸과 마음이 다 지쳐있다는 신호로 들렸다. 자신의 성급한 결정을 후회하더라는 소문도 뒤따랐다. 마음먹은 대로 일이 풀리지 않은 모양이다.

요즈음 가상화폐가 장안의 화제다. 일반 직장인은 물론 취준생, 대학생, 심지어 청소년까지 코인 경쟁에 끼어들고 있다고 한다. 이 겁없이 황당한 '주식도사'들이 돈 넣고 돈 먹는 세상을 한바탕 술렁이게 할 것 같다. 비트코인은 흙수저 탈출 기회를 노리는 자들에게는 달콤한 유혹물이다. 비트코인 같은 가상화폐에 투자하는 2030세대는 유행에 민감하고 컴퓨터에 능하기 때문에 두려움 없이 이 일에 뛰어들기가 쉽다. 처음엔 적은 금액으로 재미삼아 시작하겠지만 점점 수위가 높아지다 블랙홀처럼 빠져들어 헤어나오지 못할 수가 있다.

나는 애당초 경제에 둔해 주식, 펀드, 옵션 등과는 담을 쌓고 살아왔다. 주식이나 가상화폐에 무지한 것이 무슨 자랑도, 부끄러움도 아니지만 하여튼 이것들은 내겐 딴나라 이야기다. 지금은 컴퓨터 시대라 많이 달라졌겠지만 예전에 증권회사 객장 안은 시세표 전광판에 온종일 시선을 고정시키고 일희일비하는 사람들로 북적였다. 돈이 우상화된 세상을 한 장의 그림으로 보여달라면 바로 이 객장의 표정이 아닐까? 은퇴자들이 증권회사 객장 안에서 시간 죽이고 앉아있는 모습이 결코 좋아 보이지 않았다.

단기간에 붐을 일으키고 바람처럼 사라지는 것들의 뒤끝은 대체로 깔끔하지 않다. 가상화폐 투기 열풍에 재미가 쏠쏠한 사람도 나오겠지만 후유증도 만만찮을 것이다. 불을 향해 뛰어드는 불나방처럼 돈을 향해 자진해 뛰어들었던 사람들의 말로가 어떠한가? 인생역전을 꿈꾸다가 절망의 늪에 빠져버리고 그로 인해 불면증이나 불안증으로 정신과를 찾는 환자들이 속출할 게 뻔하다. 돈으로 행복을 사려다 돈 때문에 병들어가는 세상이다. 대박은커녕 원금 손실로 절망적인 감정을 다스리지 못하고 극단적 선택을 하는 경우까지 있다니 안타까운 일이다.

코인coin은 동전, 주화다. '동전' 하면 돼지저금통이 먼저 생각난다. 돼지저금통이 채워지면 내 배가 부른 양 흡족해하던 우리 세대는 근검 절약을 귀에 못이 박히게 듣고 자랐다. 그런 나도 요즘엔 지갑에 동전이나 지폐는 없고 여러 개의 카드만 넣고 다닌다. 한번은 장터를 지나는 길에 할머니 한 분이 가죽나물을 팔고 있기에 반갑게 다가갔다. 검은 비닐봉투에 담아 주면서 덤까지 얹어주었는데 지갑을 여니 아뿔싸, 현금이 없었다.

요즘은 카드결제가 일상화되어 여러모로 편리하긴 한데 '소확행'의 기회는 줄어들었다. 물건에 붙어있는 바코드대로 결제되니 물건 살 때 흥정하는 재미도 없어졌다. 택시비 결제도 카드로 하니 "기사님, 잔돈은 그냥 두세요." 이런 가벼운 인심을 쓸 기회도 없어졌다. 신세대들에게는 무형의 코인 전쟁 시대가 도래했건만 현실에서는 동전도, 지폐도 귀한 세상이 되어가고 있다.

동전이나 지폐가 귀해진 세상이 왔기로서니 이 사람같이 지폐를 귀중히 다루는 사람이 또 있으랴! 30년 전 이웃에 근실한 택시 기사가 살았다. 새벽 일찍 나가 늦은 밤에야 귀가하는 남편을, 아빠를 온 가족이 존중하며 사는 다복한 가정이었다. 내가 감동받은 장면은 택시 승객들의 호주머니에서 나온 꼬깃꼬깃한 지폐들을 부인이 일일이 펴서 다림질하는 모습이었다. 어차피 은행에 갖다 줄 돈인데 다림질은 왜 하느냐는 내 물음에, 남편의 피 같은 돈인데 어떻게 함부로 하겠느냐고 했다. 남편의 수고에 감사하는 마음을 담아 천 원짜리, 오천 원짜리, 만 원짜리 한 장 한 장 펴서 다림질한다고 했다. 이 구겨진 지폐들이 있어 자식들을 먹이고 가르칠 수 있었다고 말하는 부인에게서 살뜰함과 진정성이 느껴졌다.

땅투기로 온 국토가 들썩인다. 농사가 뭔지도 모르는 도시인들이 논밭을 사들인다. 주택을 다수 가진 자들이 또 주택을 사들인다. 탐욕의 노예가 된 사람들이 투기 광풍에 같이 미쳐가고 있다. 복권 당첨으로 일확천금을 얻은 사람이 그 돈으로 결코 행복하게 살 수는 없다. 오히려 쉽게 들어온 돈은 폭주하는 욕망에 불을 붙여 그 영혼까지 살라먹기도 한다.

돈이 신神이 되어버린 시대, '암호화폐 투자 성공기' 책이 불티나게 팔리는 이 시대에 "티끌모아 태산" "천릿길도 한 걸음부터"

란 말은 공허한 메아리가 되었다. 가상화폐라는 것은 손으로 만져볼 수 없으니 다림질할 일은 없겠지만 가상화폐 소유자가 그 것을 진정 피같이 여기며 사용할지 미덥지 않다. 땀흘려 번 돈, '피 같은 돈'만이 피같이 소중하게 사용될 것이다.

제5부

나·비·섬

캥거루의 항변

제목에 끌려 늦은 시각에 「방구의 무게」라는 단편영화를 시청하였다. 배경은 어느 남자고등학교 3학년 교실, 정기고사 시간이다. 한 여선생이 학생들 책상 사이를 오가며 시험 감독을 하는 중이다. 마침 영어듣기 시험이라 모든 학생들이 영어회화 방송에 귀를 기울이고 있던 참이다. 카메라는 갑자기 배를 누르고 있는 여선생의 꽉 쥔 주먹을 비추고 있었다. 여선생은 최대한 억누르고 참으려 했으나 방귀는 인정사정이 없었다. 소리도, 냄새도 기어이 새어 나오고야 말았다. 그 주변 학생들 몇몇이 코를 벌름거렸지만 무사히 시험시간은 끝났다.

그러나 무사히 끝난 것은 사라진 냄새뿐이었다. 시험이 끝남과 동시에 사건은 시작되었다. 발단의 원인은 방귀 소리다. 방귀 소리를 가장 가까이서 들었던 학생이 그것을 트집 잡아 재시험을 요구하고 나선 것이다. 별수 없이 여선생은 학생 앞에서 방귀뀐 걸 사과까지 했다. 그러나 사과는 무참히 무시당한다. 재시험을 보게 하든지, 아니면 1점이라도 올려줘야 공정하지 않느냐고 따지면서 학생은 계속 이죽거린다. 방귀 소리 때문에 영어회화가 잘 안 들렸다는 피해 학생은 자기의 의견을 안 들어주면 교육청에 알리겠다는 협박을 한다. 급기야 그 학생의 어머니까지 학교에 쫓아온다. 아들의 시험 점수 1점이 내신 등급에 미칠 영향력을 역설하며 기세등등하게 나온다. 자기 말이 안 먹히자 여러 교사들 보는 앞에서 그 여선생의 머리채를 잡아 흔든다.

영어듣기평가를 위해 수능일에 비행기 이착륙을 금지하는 나라는 세계에서 유일하게 우리나라뿐일 것이다.「방구의 무게」는 입시지옥, 점수경쟁 속에서 정서적으로 피폐해져 가는 우리나라 청소년의 일그러진 모습을 단적으로 보여주는 영화다. 성적의 중압감이 순수해야 할 청소년의 인성을 무너뜨리고 있는 교실 풍경을 그린 것이다. 새털보다 가벼운 방구의 무게가 쇳덩이보다 육중한 것으로 돌변하여 문제가 커지고 말았다. 무거운 주제를 가볍고 재밌게 전달하려고 방귀라는 코믹한 소재를 선택했지만 전혀 웃음이 나오지 않았다. 웃음은커녕 우리 교육 현장의 민낯을 보는 것 같아 씁쓸한 한숨이 나왔다.

과거 교직에 몸담았던 내게도 정말이지 기억에서 지우고 싶은 날이 있다. 학생의 어머니가 교무실을 난장판 만드는 영화 장면은 나를 우울하게 만들었던 그날을 기어이 소환하였다.

"너, 국어책 밑에 숨긴 책 갖고 나와!"

국어 시간인데 과학 참고서 문제 풀이를 하고 있는 학생을 지적하고 그 책을 내가 빼앗은 것이 사건의 발단이었다. 다음날 출근하자마자 교장실 호출이 기다리고 있었다. 조심스레 교장실 문을 열고 들어서자 교장 선생님 맞은편에 한 여성이 굳은 표정으로 앉아있었다. 어제 책을 빼앗긴 학생의 어머니였다. 그가 갑자기 탁자 위에 녹음기를 올려놓으며 지금부터 시시비비를 따져보자고 당돌하게 나왔다.

먼저 지난 학기 국어과 수행평가 점수를 들먹이며 왜 내 딸을 미워하느냐고 따져 물었다. 우리 딸 성적이 상위권인데 수행평가가 상대적으로 그렇게 낮을 수 있느냐, 진즉부터 벼르고 있었다는 투다. 어제의 일도 선생이 얼마나 재미없게 가르치면 우리 애가 딴 과목 공부를 하겠느냐는 것이다. 그리고 방과 후에 과학 과외 지도를 받으러 가야 하는데 참고서를 빼앗겨서 제대로 과외공부 못한 것을 어떻게 손해배상할 거냐, 딸이 입시에 떨어지면 선생이 책임질 거냐고 눈을 홉뜨며 말했다. 가만히 듣고 있자 하니 갈수록 가관이었다. 도교육청에 친척이 있는데, 만약 수행평가 점수 근거 자료가 불충분하면 즉시 고발 조치하겠다고 을러댔다.

그 학생이 성적도 좋은 편이고 태도도 얌전한데 학급배정 때 담임들로부터 기피 1호가 된 이유가 뭔지 그때서야 짐작이 되었다. 어머니의 무경우와 과욕이 가장 청순 발랄해야 할 딸의 얼굴에서 생기와 웃음을 앗아갔구나 생각하니 그 학생이 몹시 안쓰러워 보였다. 며칠간 여유를 두고 그를 지켜보았다. 쉬는 시간에도 친구들과 어울리는 대신 책을 보든지 아니면 책상에 엎드려 있었다. 어떻게 하면 저 아이를 웃게 만들까 고민하며 다가갔다. 이런저런 대화를 나누다 보니 문제의 근원은 '캥거루케어'에 있었다.

나중에 그의 어머니로부터 사과 편지를 받고 답장을 어떻게 쓸까 망설였다.

'어머니, 진정 딸이 성공하고 성장하기 바라십니까? 어미가 새끼독수리를 날게 하려고 둥지 밖으로 밀쳐내고 마지막에는 깃털 침대조차 밖으로 내던져 버리는 것과 같이 자녀를 강하게 키우세요!'

이렇게 답장을 쓰고 싶었으나 부질없는 조언이 될 것 같아 그만두었다.

요즘은 자녀가 한둘이다 보니 캥거루케어를 자청하는 부모가 늘고 있는 추세다. 그럴수록 자녀들은 캥거루 새끼가 되어 더 쉽고 편하고 안정된 길만 찾게 된다. 모험심과 열정, 패기를 갖고 좁고 힘든 길을 개척하려는 자녀는 그야말로 무모한 소수에 불과하다. 그런데 어떤 분야이든 우뚝 선 사람들을 보면 대체로 이 무모한 소수에서 나온다는 게 얼마나 아이러니한가.

캥거루 어미는 본래 태반이 약해 아기 캥거루가 덜 발달된 상태로 나온다. 따라서 새끼는 나온 지 한 달 동안 어미의 육아주머니에서 살아야 한다. 새끼가 육아주머니에서 나온 후 어미의 젖을 먹으며 어미 곁에 머무는 기간은 고작 6개월에서 일 년 정도다. 캥거루는 어미로서 젖먹이새끼 돌보는 일에 충실했을 뿐인데 그걸 인간들이 곱지 않은 시선으로 보고 있으니 캥거루 편에서는 억울할 일이다. 더구나 어쭙잖은 사람들을 비꼬는 데 캥거루 이름이 악용되고 있으니 항변할 만도 하다.

요즘 결혼 후에도 부모의 경제력에 의지하려고 독립하지 않는 부류를 '신캥거루족'이라 한다. 캥거루가 더이상 참다못해 인간들을 명예훼손죄로 고발할지 모른다. 캥거루에게 고발당하기 전에 '캥거루케어' 방식을 그만두는 편이 자녀 성장에도 유익한 일이요, 캥거루 앞에 사람의 면목이 서는 일일 것이다.

(2021년, 『전북문단』 94호)

못 말리는 사랑

초등학교 때 노란 삼각 깃발 앞세우고 애향단장이 "하나, 둘!" 선창하면 우리는 "셋, 넷!" 목청껏 소리 지르며 줄지어 등교하였다. 동네 애들끼리 붙어다니다 보니 웃고 떠드는 재미도 있었지만 싸우는 횟수도 많았다. 미운 정 고운 정이 뭉쳐져 동네별로 패싸움도 잦았다. 하교할 때는 학년별로 끝나는 시간이 달라서 아침 등교 때처럼 많이 모이진 않았다. 그래도 웬만하면 앞서거니 뒤서거니 뭉쳐 다녔다. 그래야 집에 가는 도중에 어떤 훼방꾼이 나타나도 무사통과하기 때문이다.

하루는 어쩌다 혼자 하교하게 되었다. 도중에 남자애들 몇이 길을 막고 못 지나가게 했다. 시간을 끌며 시비하기 싫으니 멀리 딴 길로 돌아갈 수밖에 없다. 그런데 가만히 보니 무리 중에 우리 동네 1년 후배 남자애가 끼어 있지 않은가. 정녕 그 애만 보이지 않았다면 그날 운수가 최악은 아니었을 것이다. 아니, 같은 동네 사람이면 내 편을 들어줘야지 저들 편에 서다니, 화가 머리끝까지 났다.

"야, 임마, 너 이리 나와! 한 판 붙자."

불리한 조건이지만 내가 먼저 선전포고를 했다. 나는 허리에 질끈 맨 책보를 풀어 흙바닥에 내던졌다. 구경꾼들은 말리기는커녕 은근히 쌈박질을 부추기는 분위기였다. 길바닥 한가운데 둘이 붙어 밀고 당기는 싸움이 벌어졌다. 남자애는 빡빡 깎은 머리라서 잡히는 게 귀때기뿐이었다. 그 녀석이 내 머리채를 놓아주지 않으니 나도 손에 잡힌 귀를 놓아줄 수가 없었다. 신음소리와 씩씩대는 소리가 뒤섞인 가운데 엎치락뒤치락하는데 구경꾼들 사이에서 누군가 소리를 질렀다.

"피 난다. 중대 귀에서 피난다고!"

그 소리에 싸움은 끝이 났다. 맞은 놈은 다리 뻗고 자도 때린 놈은 오그리고 잔다고 난 그 집 식구들을 슬슬 피해 다녔다. 중대네 할머니의 악다구니는 끈질겼다.

"이년, 싸낙빼기년 어딨어? 그 손모가지 내가 뿐질러버릴 거다!"

싸웠던 날부터 내리 며칠을 우리 집 마당에 와서 실컷 욕을 퍼붓고 가곤 했다. 중대네 할머니가 무서워 1년 가량 동네 마실 나갈 때도 그 집 앞을 피해 마을 뒷길을 이용하였다.

'중대네 할머니는 당신 손자만 귀한가? 누가 먼저 잘못했는데? 내 머리카락이 뭉텅이로 빠진 것도 모르면서? 내 머리통 전체가 들떠 한동안 머리도 못 감을 정도였다고요.' 시원스레 대꾸 한번 못한 것이 억울했다.

고등학교 시절 체육시간만 되면 우리는 모두 긴장하였다. 체육 선생님이 나타나기 전까지 운동장에 '4열 횡대, 양팔 간격 나란히'로 서 있지 않으면 전체 기합을 받아야 했다. 또 체육복을 입지 않은 학생이 한 명만 있어도 마찬가지로 전체 기합이다. 행동이 굼뜬 애들조차 친구들의 눈총을 받지 않으려고 손발 놀림이 빨라지는 시간이다. 운명의 그날, 행여 체육선생님의 호루라기 소리가 들릴까 정신없이 친구들과 함께 계단을 내려가고 있었다. 계단 맨 아래쯤에서 난데없이 나타난 할머니와 그만 부딪치고 말았다. 우리 반 친구의 할머니였다. 할머니 손에는 체육복 가방이 들려 있었다. 나는 울상이 되어 넘어진 할머니를 일으켜 세우고 사과를 했다. 병원에 입원할 정도는 아니라 해서 그나마 다행이라 생각했다.

그 뒤 그 할머니가 아프다는 소식에 어머니와 나는 한약재를 들고 병문안을 갔다. 그 다음에는 어머니가 암탉을 산 채로 잡아 종이박스에 넣고 다시 그것을 책보로 싸들고 병문안을 갔다. 박스 밖으로 머리만 내밀고 두리번거리는 암탉은 불안, 초조, 놀람의 눈빛이었다. 뒤따라가는 내 마음과 꼭 닮은 표정이었다. 친구의 할머니가 날이 갈수록 더 아프다니 친구 얼굴 보기도 민망했다. 개의 간을 술에 타 마시면 어혈이 풀린다 해서 그것도 대령했다. 요구사항은 끝나지 않았다. 3년 이상 묵힌 똥물을 원했다. 오래된 똥통에 대나무통을 담가 놓으면 정화된 똥물이 괴는데 그것을 마셔야 삭신 쑤신 것이 나을 것 같다는 것이었다. 인분을 삭혀서 밭의 거름으로 쓰려고 오래 묵히는 집이 있던 시절이었다.

할머니의 요구가 차라리 돈이었으면 편했을까? 병원에 가지 않고 민간요법으로 치료해보려는 것이 어쩌면 우리 집 형편을 배려해준 것인지도 모른다. 그렇다면 고마워해야 할 일이다. 그러나 당시엔 고마움보다는 원망하는 마음이 더 컸다. 내 손톱 밑 가시가 남의 염통 곪는 것보다 아프다고, 노인네가 농사일에 바쁜 우리 어머니를 귀찮게 하는 것이 야속하게만 느껴졌다.

'할머니가 주책이지. 체육복이야 딴 반에서 빌려 입으면 그만인 걸, 뭘라고 학교에 나타나 사달을 일으키나? 그것도 학생들이 우루루 떼로 내려오면 옆으로 비켜 서 있기라도 해야지 기어이 비집고 계단을 올라올 게 뭐람?' 할머니가 넘어진 게 내 잘못만은 아니라고 항변 한번 못한 것이 억울했다.

세월이 흘러 어느새 손자·손녀를 보게 되자 나도 모르게 손주바라기 할머니가 되어 있었다. 휴대폰 카톡창에 손주들 예쁜 모습 깔아놓고 보고 또 본다. 여섯 명의 가족단톡방도 가족간 대화보다는 손주들 사진이나 동영상으로 채워져 있다. 주책없이 옆사람에게 손주 자랑하다가 면박당하기도 한다. 내 무릎 고장난 것도 잊고 손주들과 온몸으로 놀아주다 애들이 떠난 뒤에야 한의원으로 침 맞으러 가곤 한다.

손녀 얼굴에 뾰루지 하나만 생겨도 두드러기 시작인가 놀라고, 유치원에 갔다 온 손자의 얼굴에 실낱 같은 손톱 자국만 보여도 발끈하는 할머니가 되었다. 할머니의 어원은 '큰(ha=大) 자비를 가진 여자muni'라는 설이 있다. 설령 다른 일에는 무자비한 사람일지라도 오로지 손자손녀 앞에만 서면 자비가 무한히 샘솟는 사람으로 돌변하는 그 이름이 할머니다. 그만큼 손주사랑은 비이성적이고 무조건적이고 무제한적이다.

내가 할머니가 되지 않았더라면 영원히 회색 그림자로 어른거렸을 할머니 두 분. 이제야 진정 사죄드리며 회색 그림자를 깨끗이 지웠다. 무한량의 내리사랑, 누구도 못 말리는 것이 할머니 사랑임을 이제야 알았기 때문이다.

멈춰버린 벽시계

3월 학년 초부터 담임은 J가 급우들 사이에서 따돌림 받는 것을 눈치채고 상담부장인 내게 상담을 의뢰해 왔다. 그런데 미처 상담도 해보기 전에 J가 무단결석을 하고 말았다. 방과 후 담임과 함께 어렵사리 J가 살고 있는 집을 찾아갔다. 작은 원룸이었다. 문이 잠긴 상태였다. 얼마나 기다렸을까. 어둑한 골목 저쪽에서 오는 걸음새를 보니 J임에 틀림없다. 삶의 무게를 털어내듯 한발 한발 땅바닥을 차올리며 터덜터덜 걸어오고 있었다. 우리를 보고 흠칫 놀라더니 이내 풀죽은 듯 고개를 숙였다. 잠깐만 이야기 나누자고 달래어 J를 따라 방에 들어갔다.

방문을 여니 퀴퀴하고 시큼한 냄새가 역겨웠다. 정면의 벽시계가 냉랭하게 손님맞이를 했다. 벽시계는 멈춰 있었다. 그 다음 내 눈길을 사로잡은 것은 방 가운데 펼쳐져 있는 이불이었다. 아니 이불이라기보다 커다란 쓰레기 보자기라고 해야 맞을 것 같았다. 이불 위에는 과자, 사탕, 빵 등을 먹고 난 빈 봉지들이 수북하게 쌓여 있었다. 나의 시선을 의식한 듯 J가 이불 위의 쓰레기들을 잽싸게 긁어서 방구석에 밀쳐두었다. 밥 대신 이것들로 끼니를 때우고 그대로 이불 속에서 몸만 빠져나오기를 반복하는 생활이었음을 짐작게 했다.

아빠와 단둘이 사는 한부모 가정이란 것만 알고 찾아갔는데 뭔가 숨기고 있는 분위기였다. J가 입을 열기까지는 꽤나 시간이 걸렸다. 아빠가 현재 수감 중이어서 겨울방학 때부터 자기 혼자 지내고 있다고 했다. 가히 충격적이었다. 처음에는 시골의 할머니가 쌀과 김치 등을 갖다 놓고 갔지만 밥을 안 해 먹었더니 이젠 할머니의 발길조차 끊겼다고 했다.

할머니 생각에는 중학생 정도면 혼자 밥 해먹고 학교에 다닐 만큼 큰애기라 여겼을지도 모른다. 그러나 J 입장에서 보면 창

살 없는 독방 감옥살이 신세 아닌가. 무슨 의욕이 있어 밥 짓고 빨래하는 일상을 혼자 꾸려 가겠는가. 머리와 옷에서 냄새가 난다고 급우들로부터 따돌림 받은 것도 이해가 되었다. 어린것이 그새 얼마나 외롭고 무서웠을까. 하루하루 버티기가 죽기보다 싫었을 것이다. 행여 견디기 힘들어 극단적인 생각을 하지 않은 것만도 다행이다 싶었다.

"한 아이를 제대로 키우려면 온 동네가 나서야 한다."는 말이 새삼 실감이 났다. 기성세대의 무책임과 방임이 곱게 자라 꽃으로 피어날 싹을 무참히 짓밟아 놓은 셈 아닌가. 아동 학대 문제, 돌봄 사각 지대가 바로 이런 것이구나 싶었다. 가정, 학교, 사회 어느 한곳에도 마음 붙일 곳이 없었다니….

샐린저의 소설 『호밀밭의 파수꾼』에서 홀든 콜필드가 학교에서 퇴학당하고 나서 자기 어린 여동생 앞에서 독백처럼 말한다. 자기가 정말 하고 싶은 일은 아이들이 절벽에서 떨어질 것 같으면 재빨리 달려가 붙잡아주는 일이라고. 시들부들 생기 잃은 J는 지금 절벽 끝에 홀로 서 있는 아이이다.

J의 표정은 울고 있으나 눈물을 보이진 않았다. 부모에 대해서 더이상 묻지 말아 달라 했다. 더 질문하는 것이 J를 괴롭히는 일인 것 같아 할머니 연락처만 받아 갖고 나왔다. 돌아오는

발걸음이 무거웠다. 방안에서 쓰레기를 움켜쥐던 J의 긴 손가락이 내 머리카락을 잡아당기는 것 같아 자꾸 뒤돌아보았다. 외로움과 두려움을 감추려 할수록 새어나오던 J의 한숨소리가 계속 귓가에 맴돌며 따라왔다.

J의 할머니와 연락한 후, 지역아동센터에 연결해 여러 가지 도움을 받도록 했다. 일단 방과 후의 시간과 저녁 식사가 해결되었다. 그러나 정신적인 측면인 정서적 안정과 자존감 회복 문제는 단기간에 해결될 수 없는 일이었다. 그의 아버지가 출소한 후 이사하면서 J는 다른 도시로 전학을 갔다.

J가 궁금하다. 절벽에서 떨어질 것 같은 그를 재빨리 붙잡아 줄 손길을 만났으면 하는 바람이 간절하다. 우리 집 뻐꾸기시계가 울릴 때면 가끔 J의 방 벽에 걸려있던 멈춰버린 벽시계가 떠오르곤 한다. 시계는 멈춰 있으면 시계가 아니다. 멈춰버린 시계는 배터리만 갈아 끼워도 되살아난다. 고장난 시계도 고치면 살아 제몫을 다한다.

고향이 뭐길래

가뭄에 콩 나듯 초등학교 시절의 남자 동창생들과 만난다. 보통은 서너 명, 많으면 네댓이 모인다. 그중 나는 언제나 홍일점이다. 만나는 횟수는 일정하지 않다. 왜냐하면 K가 선교사로서 외국에 나가 사는데 그가 귀국할 때나 그를 구심점으로 만남이 이뤄지기 때문이다.

이번 모임도 역시 K의 귀국으로 인해 약속 날짜가 잡혔다. 35도를 웃도는 살인적인 더위인데 K는 하필 청국장이 먹고 싶다고 했다. 이 더위에 웬 청국장이냐고 딴것 주문하라고 말하려다 참았다. 외국에 살며 가장 그리웠던 냄새, 가장 생각나는 음식이 청국장이었나 보다. 여기저기 청국장 맛있게 한다는 식당을 수소문해 보았으나 허사였다. 칠팔월엔 청국장 찾는 이가 없어 다른 요리로 대체했다니 아쉬운 대로 된장국이 맛있는 한정식집에서 만나기로 했다.

110년 만의 폭염이라더니 길거리에 걸어다니는 사람도 거의 없고 오가는 자동차도 뜸한 한낮이다. K는 1시쯤 불볕과 맞장이라도 뜨려는지 긴팔 점퍼에 헬멧까지 쓴 채 자전거를 타고 나타났다. 아침 일찍부터 시골 고향 마을과 학교, 근처 동네, 그 너머 산길, 논길을 자전거로 돌고 다니다가 시내까지 자전거 타고 올 계획으로 나섰다는 것이다. 정오쯤 되니 불볕더위에 한 발자국도 더 나갈 수 없이 기진맥진하여 지나가던 시내버스를 세웠단다. 버스에 자전거 싣는 것은 불법이라고 거절하는 기사님께 통사정해 시내까지 왔다는 친구, 그야말로 땀으로 멱감은 꼴인데도 윗옷을 벗지 않는다. '여자친구' 앞이라고.

고향이 뭐길래? 부모님의 체취가 날 것 같은 고향집 흙담은 사라졌어도 그리움에 사무쳐 한달음에 도착했을 고향 마을. 자전거로 동네 한 바퀴 돌면서 떠오르는 또래 얼굴 중 행여 한 사람이라도 만날 수 있기를 고대했을 것이다. 논길을 돌면서는 후두둑 날아 뛰는 메뚜기를 낚아채던 그 시절 추억들을 더듬으며 자전거 페달을 밟았으리라.

향수에 목말라 있는 K에게 폭염경보나 폭염주의보는 아무것도 아니었을 것이다. 추억의 초등학교 운동장을 한 바퀴 돌고 왔다니 학교 뒷동산에도 올라가 보았을까? 우리 6학년 교실 옆에 있던 담임선생님의 사택 자리는 그대로 있을까? 쉬는 시간은 물론 음악, 미술, 체육 시간에도 자주 모이던 숲속도 거닐어 보았을까? 그 숲그늘에 묻어둔 추억 몇 개쯤은 캐왔을까?

우리들의 인연은 명주실처럼 가늘면서도 질기다. 모두들 초등학교 5학년과 6학년 때 같은 반이었다. 지금과는 달리 시골에서 대학생이 귀하던 시절, 동기생 중 우리 몇 명만 대학생이 되었다. 대학시절에 누가 먼저 연락을 했는지는 기억나지 않지만 초등학교 6학년 때의 담임선생님을 찾아뵙기로 했다. 그때부터 의기투합하여 매년 스승의 날이면 은사님 댁 방문이 우리들의 연례행사가 되었다. 직장인이 되어서는 가끔씩 건너뛰기도 하면서 은사님이 별세하기 전까지 그 모임은 이어져 왔다. 가만히 생각해 본다. 이젠 은사님도 안 계신데 우리가 왜 계속 만나는 걸까? 향수에 젖어 환상적인 모래 그림을 그리고 지우고 또다시 그려보는 재미로 우린 만나는 것 같다.

초등시절 친구를 만나면 초등학생이 되고, 중고등시절 친구를 만나면 청소년이 되고, 대학생 때의 친구를 만나면 청년으로 돌아간다는 말이 맞는가 보다. 오랜만에 모여도 환갑 나이를 잊고 우리는 금세 어린 시절로 돌아가 무장해제되어 버린다. 초등학교 교실 주변과 선생님과 친구들 이야기가 계속해서 맴돈다. 우리들은 늙어가지만 은사님은 우리들이 그때 뵌 그 모습 그대로 추억 속에 살아계신다.

널따란 모래판 위, 화가의 손끝에서 피었다가 사라지는 모래그림처럼 추억의 알갱이들이 고운 모래알로 풍화되어 멋진 그림으로 펼쳐진다. 세상이 각박해질수록 사람들은 순수하고 정스럽던 세월의 뒤안길을 찾아 거닐고 싶어 하나 보다. 몇 해를 건너 뛰어 만나도 어제 본 듯 반갑고, 작년에 했던 얘기를 반복해도 아무도 지루해하지 않는다. 우리는 거꾸로 가는 시간 속으로 계속 달려가고만 싶다.

(2018년, 9월『수필과비평』)

외로운 베타(betta)

"선생님, 화장실에 누가 쓰러져 있어요!"

점심 식사 후 교무실에서 다른 선생님들과 한담을 나누고 있던 참이었다. 헐레벌떡 뛰어온 학생의 표정을 보니 예삿일이 아닌 것 같았다. 반사적으로 벌떡 일어나 학생을 따라 뛰었다. 화장실에 당도했으나 안에 쓰러져 있다는 학생은 온데간데 없었다.

"너희들, 만우절도 아닌데…. 선생님 뜀박질하는 모습이 그리

보고 싶더냐?"

"진짜예요. 노크해도 반응은 없고 화장실 문은 잠겨 있었어요. 이상해서 머리를 바닥에 대고 들여다보니 교복치마가 땅바닥에 깔려 있는 거예요."

아이들이 놀라 119에 신고하자커니, 선생님께 먼저 알리자커니 우왕좌왕하는 사이에 화장실 안에 있던 학생이 잽싸게 뛰쳐나갔다는 것이다.

알고 보니 혼자 노는(혼놀) 아이, 혼자 밥 먹는(혼밥) 아이였다. 교실 책상에 엎디어 있는 그를 살살 달래 상담실로 데려왔다. 한참만에야 자초지종을 들게 되었다. 점심시간에 급식실에 혼자 가기 싫어 매점에 가 빵을 사 갖고 화장실 안에서 먹었다는 것이다.

"그런데 왜 쓰러진 거야?"

"쓰러진 게 아니고요. 오래 쭈그려 앉아있으니 다리가 저리고 쥐가 나서 그냥 바닥에 앉아 있었던 거예요."

점심시간 내내 좌변기가 아닌 화변기에 쭈그려 있는 것은 고문이었을 것이다. 그애에게 점심시간은 너무 길었던 것이다. 하루 이틀도 아니고 점심시간마다 홀로 시간을 때우는 일이 얼마나 고역이었을까.

이같이 학교라는 공동체 안에 적응하지 못하고 홀로 배회하는 학생들이 더러 있다. 담임교사들은 따돌림 당하는 학생이 없도록 주위를 늘 살피지만 스스로 마음문을 안에서 닫아걸고 있는 학생을 지도하기란 여간 어려운 게 아니다. 혼자 노는 애들끼리 짝을 맺어주려 해도 둘 다 소극적이고 수동적이어서 관계 맺기가 쉽지 않다. 때로는 붙임성 좋은 학생을 짝으로 붙여줘 봐도 관계가 오래가지 못한다.

나는 당시 학교 도서실 책임자의 업무를 맡고 있어서 수업이 없을 때는 거의 도서실에 있었다. 하루 중 도서 대출 반납이 가장 활발한 시간은 점심시간이다. 도서 대출 반납과 무관하게 고정적으로 점심시간을 때우기 위해 찾아오는 학생들이 눈에 들어왔다. 도서실만큼 그런 아이들이 혼자 있기 편한 도피처는 없을 것이다. 화장실 소동 사건의 주인공도 그런 애들 중 한 명이었다. 내가 다가가 책도 소개해 주고 애써 대화를 청해보지만 경계하는 눈빛은 여전했다. 표정 없는 얼굴로 도서실 구석 자리에 홀로 앉아있는 그는 어항 속의 한 마리 베타처럼 보였다.

어느 날 학교 도서실 환경을 바꿔보려고 관상어 가게를 찾아갔다. 가장 키우기 쉽고 오래 사는 어종을 추천해 달라 했다.

눈에 익은 관상어를 가리켰다. '베타'라는 이름을 가진 온몸이 형광빛 돋는 진빨강의 물고기다. 몸통보다 더 큰 지느러미가 일품이다. 한 쌍을 달랬더니 베타는 혼자 키우는 어종이라며 한 마리만 주었다. 베타는 공격적이어서 한 공간에 두 마리를 넣고 키우면 서로 싸우다가 어느 하나가 죽기 때문에 자기네도 한 마리씩 넣어 둔다는 것이었다.

베타 한 마리가 도서실을 밤낮으로 지켰다. 색상만 화려하지 태도는 너무 점잖다. 아니 생동감이 없다. 지느러미를 축 늘어뜨린 채 느릿느릿 움직인다. 열람자들을 위한 배려인가, 어항 속 공간이 좁기 때문인가? 때로 멈춰 있는 것처럼 보인다. 학생들 중에는 다가와 물고기가 죽은 것 아니냐고 어항을 흔들어 볼 정도이다. 그럴 때면 먹이를 몇 알 뿌려 준다. 먹이를 향해 돌진하는 때 빼고는 여전히 심드렁하다.

그 무렵 전원주택에 인공연못을 만들어 놓고 사는 지인 댁을 방문할 기회가 있었다. 연못의 수초 사이로 송사리떼들이 줄달음치고 있는 모습을 보니 문득 학교 도서실을 지키고 있는 외로운 베타 생각이 났다. 송사리를 어항에 키우고 싶다고 말하자 몇 마리를 뜰채로 건져 주었다. 뜻밖의 수확에 기뻐 송사리들을 위한 어항을 구했다. 베타의 외로움을 달래 줄까 싶어 그

것을 여과기가 꽂힌 베타 어항 옆에 바짝 붙여 놓았다.

“이거 멸치 새끼 맞죠?”

송사리를 본 적 없는 학생들 눈엔 영락없이 작은 멸치로 보이는 모양이다. 똑같은 질문이 잦아 “난 멸치 새끼가 아니고 송사리입니다.”라고 어항에 써 붙여 두었다. 학생들의 관심이 점차 베타에서 송사리로 옮아갔다. 움직임이 적은 베타에 비해 송사리는 외형상 볼품은 없어도 즉각적으로 반응하며 빠른 속도로 요리조리 숨바꼭질하는 모습이 학생들의 시선을 끌기에 충분했다. 송사리는 산소주입기를 꽂지 않아도, 물갈이를 자주 하지 않아도 생존력이 강해서 키우기가 정말 쉬웠다. 이놈들은 떼로 몰려다니며 한시도 쉬지 않고 움직인다.

한편 의욕상실자같이 축 처져있는 베타를 보니 갑자기 호기심이 발동하였다. 어떻게 하면 베타가 저 송사리처럼 생기와 활력을 되찾을 수 있을까? 친구 하나 없는 베타 곁에 송사리 한 마리를 넣어 두면 어떻게 될까? 원래 치열한 싸움은 실력이 엇비슷한 놈끼리 벌이는 법이다. 꼬마손님이 찾아왔는데 설마 잡아먹지는 않겠지?

시험적으로 송사리 한 마리를 배타가 있는 어항에 살짝 넣어봤다. 행여 송사리에게 해코지를 하면 곧바로 꺼내려고 긴장한 채 지켜보았다. 느닷없는 송사리 방문에 베타가 예민하게 반응하였다. 지느러미를 넓게 펴더니 움직임이 빨라졌다. 송사리가 도망치는 속도가 워낙 빨라 베타가 따라잡지 못했다. 몇 번 베타의 입이 송사리 몸에 닿아도 살짝 건드려 보는 정도이지 물지는 않았다. 저 건드림은 아마 친구하자는 몸짓이려니 생각했다. 한참 후에 보니 휴전 협정을 했는지 쫓고 쫓기는 동작도 멈추고 송사리는 물 위쪽에서, 베타는 물 아래 쪽에서 서로 휴식을 취하고 있었다.

"베타야, 외로울 때 꼬마친구라도 있으니 좋지 않니? 친구란 원래 싸우면서 친해지는 법이야. 이젠 화해할 시간이다."

혼잣말을 전하고 귀가하였다.

다음 날 아침, 출근하자마자 도서실로 베타를 보러 갔다. 아뿔싸, 기어이 송사리는 죽어 있었다. 그런데 이상하게도 죽은 송사리 몸에는 전혀 상처가 없었다. 아마 베타에게 쫓기다 지쳐 제풀에 뻗은 것이 아닌가 싶다. 나의 무지한 실험 대상이 되어 희생된 송사리에게 미안했다. 동시에 숙명적인 배타성排他性으로 인해 끝내 친구 맺기를 못하는 배타betta의 신세도 안쓰러웠다.

베타의 영문이름은 fighting fish, 투어鬪魚족 일종이다. 오래 전부터 태국에서는 베타의 수컷끼리 돈을 걸고 싸움을 붙이는 풍습이 있었다고 한다. 지느러미가 백미인 베타는 혼자 있어 플래어링flaring을 오랫동안 안 하면 지느러미가 보잘것없이 말려 버린다고 한다. 이것을 방지하고 활력을 회복하도록 홀로 있는 베타 곁에 가끔씩 거울을 놓아주면 거울 속 제 모습을 적으로 알고 플래어링을 다시 한다는 흥미로운 정보를 인터넷을 통해 알게 되었다. 이 말이 사실인지 거울을 찾아 실험해 봐야겠다.

점심시간마다 도서실에 혼자 왔다 사라지는 혼놀 아이들. 생기발랄해야 할 청소년이 언제부터 고독의 성 안에 갇혀 살게 되었을까? 대체로 타인을 경계하고 배척하는 시선 뒤엔 외로움에 지친 그리움이 깔려 있다. 혼놀자는 상대에게 먼저 다가갈 용기가 없을 뿐, 누군가 가만히 다가와 손잡아 주기를 간절히 기다리고 있다.

외로운 베타의 지느러미가 말라버리지 않게 거울 역할을 해 줄 단 한 명의 친구, 어디 없을까?

(2016년, 『모악에세이』)

압록에서 두만까지

7일간의 역사 기행!

이번은 단순히 콧바람 쐬러 다니던 여느 여행과 달리 주제가 있는 여행이다. 버스 차창 밖으로 북녘땅을 바라보며 거슬러 가는 길, 백두대간의 총길이(1,625km)보다 더 긴 여정, 대련에서 장춘까지 1,800km! 압록에서 두만까지 끊임없이 이어지는 강줄기를 따라 버스는 달렸다. 강폭이 좁은 곳이나 모래톱이 있는 곳에선 웬만한 수영 실력으로도 금방 가닿을 거리에 북한 땅이 있다. 같은 동포끼리 오갈 수 없는 땅, 이 역사의 비극이 하루속히 끝나기를 빌면서 강 건너 마을을 망연히 바라보았다. 전주 YMCA 주관 '한·중 접경지역 백두산 평화기행단'의 일원이 되어 우리 고대사의 유적지와 근현대사의 아픔이 서려있는 역사의 현장을 밟아보는 뜻깊은 발걸음이었다. 그야말로 교실 밖 역사 공부를 실감나게 해본 시간이었다.

「뤼순감옥과 관동법원」

우리가 내린 다롄大連 공항에서 가까운 곳에 뤼순 감옥이 있었다. 수많은 독립운동가들의 원혼이 잠겨있는 곳, 감방 입구엔 얼룩진 수의囚衣들이 매달려 있고 전시관에는 각종 고문 도구들이 전시되어 있었다. 이토 히로부미를 저격했던 안중근 의사가 재판받았던 법정과 투옥된 방, 마지막 숨을 거둔 곳까지 보고 나오니 가슴이 뭉클했다. 이런 애국지사들의 피흘림이 없었다면 과연 오늘의 나와 우리, 그리고 대한민국이 제대로 존재할 수 있었을까 절로 숙연해졌다.

안중근은 누구인가? 이토 통감을 총살하려는 목적은 오직 한국 독립과 동양의 평화를 위한 의거였다고 일본인 재판관 앞에서 당당하게 말하던 식민지 국가의 30세 청년 안중근! 아들에게 사형 언도가 내려진 것을 알고 나서 그의 어머니가 쓴 편지글 속에서 안 의사의 굳센 심지의 뿌리를 미루어 짐작할 수 있었다. 일본인의 간담을 서늘케 만든 독립투사의 어머니다운 엄숙함이 깃든 글이다. 어느 명문장이 이보다 힘이 있으랴! 지금 읽어도 가슴 뛰게 하는 생명력 넘치는 글이다. 이는 가히 안중근 의사의 혈서와 맞먹는 피끓는 애국 충정에서 발현되었으리라. 아들의 죽음을 고결하게 하늘에 바치고픈 의연함과 단호함이 추상같다.

늙은 어미보다 먼저 죽는 것을 불효라 생각한다면 이 어미는 웃음거리가 될 것이다. 너의 죽음은 너 한 사람의 것이 아닌 조선인 전체의 공분을 짊어지고 있는 것, 나라를 위해 이에 이른즉 딴 맘 먹지 말고 죽으라. 옳은 일을 하고 받은 형이니 비겁하게 삶을 구하지 말고 대의에 죽는 것이 어미에 대한 효도이다.

안 의사의 공판일에는 여러 나라의 신문기자를 비롯하여 방청객이 법원 마당까지 꽉 들어찼다고 한다. 아래는 법정 뒷면 벽에 붙은 빛바랜 영자신문 기사(영국의 기자, 찰스 모리머의 The

Graphic에 실린 글)의 번역본이다.

> 이 세계적인 재판에서 승리자는 안중근이었다. 그는 영웅의 월계관을 쓰고 법정을 떠났다. 그의 진술을 통해 이토 히로부미는 한낱 파렴치한 독재자로 전락하였다.

이토 히로부미의 저격 사건은 많은 사람들에게 충격을 주었다. 특히 중국 청년들의 가슴에 항일운동의 불을 지폈으며 1911년 신해혁명에도 영향을 끼쳤다. 안중근 의사 기념실 벽면에는 중국의 수상이었던 저우언라이周恩來의 사진이 있고 그 옆에 수상이 했던 말이 한문, 한글, 영어로 씌어 있었다.

> 중조中朝 인민의 일본제국주의의 침략을 반대하는 투쟁은 안중근이 하얼빈에서 이토 히로부미를 사살하는 것으로부터 시작되었다.

「동북공정의 민낯, 그 앞에서」

고구려의 첫 수도였던 환인(졸본성)과 두 번째 수도인 집안(국내성)을 거치면서 광개토대왕 왕릉과 비석, 장수왕릉으로 알려진 장군총, 5호분 5호묘 등을 둘러보며 중국이 우리의 유물.

유적을 비교적 잘 보존, 관리해 주고 있구나 싶어 처음엔 고맙다는 생각이 들었다. 그러나 고구려 유적지 안내판에 붙어 있는 AAAA가 중국 유적지 중요도 표시라는 것을 알고 나니 되레 부아가 치밀었다. 심지어 고구려 유적들을 중국의 유적으로서 2004년 유네스코 세계문화유산에 등재했다니 뭐라 표현할 수 없는 배신감과 자괴감이 밀려왔다. 이것 또한 동북공정(현재 중국의 국경 안에서 전개된 모든 역사를 중국의 역사로 편입하려는 연구 프로젝트)의 일환이겠거니 생각하니 정신이 아뜩하였다. 윤동주 생가를 둘러보러 갔는데 입구 표지석에 "중국 조선족 애국시인 윤동주 생가"라고 새겨 놓은 걸 보니 기가 딱 막혔다. 이 또한 동북공정의 연장선상에서 빚어진 역사 왜곡의 한 단면 아닌가.

이른 새벽에 숙소 근처를 산책하다 보니 이내 발걸음이 압록강변에 닿았다. 강을 경계로 양쪽의 풍경이 이렇게 다를 수가 있을까? 강물에 손을 담근 채 강 건너 온통 벌거벗은 북한 쪽 산을 바라보았다. 땔감은 물론 식량마저 부족해 산을 일구어 먹고살아야 하는 북한 주민들의 누추한 집들이 보였다. 반면 이쪽 중국 땅에는 빌딩이 우후죽순처럼 올라가고 있었다. 도로 확장 공사를 하느라 곳곳이 파헤쳐 있고 새벽부터 공사판에서 들리는 기계 소리와 일꾼들의 바쁜 손놀림 등 중국이 동북쪽 변경지역 개발에 박차를 가하고 있음이 한눈에 들어왔다.

「끊어진 철교 아래, 숨죽인 절규」

'압록鴨綠'은 물빛이 오리 머리의 빛과 같이 푸른색이어서 붙여진 이름이라 한다. 중국과 북한을 잇기 위해 만들어진 첫 번째 다리, 압록강 위로 단동과 신의주가 연결된 압록대교를 찾아갔다. 애초에 일본과 중국이 우리나라를 침략하고 수탈할 목적으로 합자해서 만들었다는 다리다. 6·25전쟁 때 미국의 폭격으로 파괴된 철교 모습 그대로가 눈앞에 펼쳐졌다.

지금은 이 철교가 중국의 관광 상품이 되어 입장료를 받고 있었다. 우리 민족의 아물지 않은 상처를 적나라하게 보여주는 상징물 앞에서 입장료를 내고 들어가야 한다니 이 무슨 얄궂은 역사의 아이러니인가. 매표소 위층에 올라서자 한국전쟁 때 중공군이 출정한 날짜를 새긴 기념물과 출정 군인상 조각물이 우람하게 서 있었다. 그것을 배경으로 중국인 관광객들이 떠들며 모여들었다. 카메라 앞에서 조각상 포즈를 흉내내며 의기양양해 했다. 우리 일행은 다리 위를 한참 걸어 포탄이 세워진 곳, 뒤틀리고 휘어진 철교 끝자락 고철 쪽을 향해 발걸음을 옮졌다. 우리도 중국 관광객들처럼 웃고 떠들다가 어느새 '김치' '치즈' 사인에 맞춰 사진을 찍고 또 찍었다.

끊어진 철교 아래, 강물은 여전히 푸르고 깊었다. 깊은 곳에서는 무서운 속도로 물이 흐르고 있겠지만 겉으로는 아무렇지 않은 듯 물소리조차 그리 요란하지 않았다. 우리 민족의 애환이 서린 이 강물은 아직도 풀리지 않은 응어리 때문에 숨을 죽이고 있는가. 헤어진 가족을 만나게 해 달라고, 분단의 아픔을 속히 회복해 달라고 물방울 방울마다 절규하고 있건만 우리 귀가 무뎌서 세미한 소리를 못 듣고 있는지 모른다.

「우린 서로 손만 흔들었지만」

망원경으로 보니 북녘 들판엔 아직도 논밭에서 소를 이용해서 농사짓는 모습이 보였다. 1960년대만 해도 북한이 남한보다 경제적으로 훨씬 앞서 있었다는데 어쩌다 세계 최빈국이 되어 여기까지 이르렀는지 안타깝기 그지없다.

근접한 국경 접경지역에서 북한 주민을 상대로 말을 걸거나 사진을 찍지 말라는 가이드의 말을 따라 철조망 너머 지척의 논밭에서 공동으로 일하고 있는 북한 주민들을 바라보기만 했다. 길가에 놓인 스피커에선 군가 비슷한 노랫소리가 들렸다.

우리쪽에서 먼저 손을 흔들어 주는데도 처음엔 아무 반응이 없었다. 계속해서 손 흔들기로 반가움을 표시하자 저쪽에서도 몇몇이 알았다는 듯 손을 흔들어 답례를 했다. 양쪽에서 서로 손만 흔들었지만 진정 한마음이었으리라. 평화 통일을 고대하는 그 간절함을 서로 손끝으로 전하고 또 전달받았다.

「6월의 칼바람 눈보라」

우리의 영산靈山 백두산 정상까지 1,442개의 계단을 밟아야 하는 서파 코스 등정은 다리가 아플 법도 하건만 세찬 눈보라와 맞장뜨며 오르느라 다리 아픈 것도 잊어버렸다. 하늘 땅, 온 천지가 새하얗게 변해 백두산 천지天池의 웅대함을 보지 못한 아쉬움은 있지만, 사계절이 뚜렷한 우리나라에서 여름철에 칼바람 눈보라 속 걷기는 난생처음 일이라 경이로웠다. 가지고 간 옷이란 옷을 있는 대로 다 껴입고 비옷까지 덧입었지만 칼바람을 당해낼 수가 없었다. 정상에서 사진 몇 장 겨우 찍고 바로 눈보라를 헤치고 내려왔다. 그런데 이게 무슨 조화 속이람? 하산하는 차창 밖으로 하늘을 보니 햇살이 쨍쨍하였다. 백두산 천지연의 신비로움을 지켜 주고자 하는 조물주의 배려였을까, 아니면 어서 통일을 이뤄 중국 땅을 거치지 말고 다시 오라는 냉엄한 꾸짖음이었을까?

다롄에서 장춘까지 긴 여정이 끝났다. 몸은 고단하지만 정신이 각성되고 영혼이 풍요로워진 느낌이다. 요즘은 학생들 수학여행도 해외로 가는 추세인데 우리의 청소년과 청년들이 이번 여정처럼 '압록에서 두만까지' 답사해보기를 추천하고 싶다. 역사를 모르는 민족에게는 미래가 없다고 했다. 우리의 젊은이들이 조상의 얼이 서린 역사의 현장을 직접 밟아본다면 바른 역사관과 국가관을 정립하는 데 도움이 될 것이다. 또한 통일의 필요성을 점점 잊어가는 신세대들에게 통일의 꿈을 다지는 계기가 될 것이란 확신이 들었다.

(2017년, 전주 YMCA 소식지)

오월에 꽃길 밟고

생전에 화초 가꾸기를 좋아하시더니 지천에 꽃잔치가 벌어진 화사한 오월에 꽃길 밟고 기어이 떠나시는군요.

곱고 고우신 어머니.

어머니를 처음 본 제 친구가 마치 인도 공주님 얼굴에 영국 여왕님 기품이 느껴진다고 말해서 제 어깨가 으쓱했답니다. 외적인 아름다움과 내적인 자애로움을 겸비하신 어머니께 조물주의 시샘이 있었나 봐요. 일찍 배우자를 떠나보내야 했던 당시 얼마나 막막하고 황망하셨습니까?

어려운 시대를 만나 힘들게 사신데다 홀로 칠남매 공부시키고 분가시키느라 그 얼마나 고생이 많으셨는지요? 머릿속에 든 지식보다 더 큰 재산은 없다시며 마지막 논밭까지 다 팔아가며 학비를 대셨다지요? 그 자그마한 체구로 온갖 풍파 이겨내시고 인내와 사랑으로 다른 사람들의 허물 다 덮으시며 집안의 큰어른으로 계신 덕택에 저희 일가는 평안하였습니다. 어머니, 당신은 일가친척 모두의 존경을 한몸에 받으실 만큼 고결하게 사셨습니다.

매일같이 새벽 일찍 정갈하게 씻으신 다음 기도로 하루를 시작하고 잠들기 전 기도로 그날을 마감하시던 어머니. 세상사람 의지하지 말고 모든 것 아시는 하나님께 은총을 간구하며 살라고 신앙의 모범을 보여주신 어머니. 7남매 부부와 그 밑의 16명의 손자손녀 이름 하나하나 불러가며 기도하시다가 그 기도 다 마쳐야 아침 진지 드시던 어머니. 그 기도의 끈을 이제는 저희가 이어가야겠지요.

틈날 때마다 돋보기 쓰시고 빨간 색연필로 줄 그어가며 읽으시던 성경책은 낡아서 너덜너덜해졌지만 그것은 저희 가족 모두에게 가장 값진 유물이 되었습니다. 어머니의 순전하신 신앙의 유산을 저희 7남매 16손이 잘 이어가겠습니다. 이제 모든 시름 놓으시고 편안히 가시옵소서.

> 나 죽으면 울지 마라.
> 하늘나라 가 있을 테니 기뻐하고 찬송하라.

평소 하시던 말씀을 유언으로 알고 저희들 더이상 울지 않겠습니다. 그곳에서도 저희를 위해 기도하시는 것 잊지 마시고요. 어머니, 하나님의 품안에서 다시 만날 그때까지 평안히 계십시오.

(2005년 5월 8일, 가족 대표 조사弔辭)

나·비·섬

N이 떠났다. 한 달 전에도 필드에 나가 같이 파크골프 치며 놀던 친구인데, 오늘 화장장에서 작별인사를 하고 돌아왔다. 평소 병색을 드러내지 않고 워낙 긍정적으로 살아 이렇게 갑작스레 갈 줄 몰랐다. 8년 전 폐암수술 후 병원에 자주 드나들던 친구는 늘 조신한 가운데 주어진 하루하루를 알차게 살았다.

친구 N은 곧음과 유연함을 겸비하여 인간관계도 원만했을 뿐 아니라 항상 상대편을 먼저 배려하고 양보하는 미덕의 소유자였다. 이구동성으로 이렇게 일찍 떠나보내기는 아까운 사람이라고 코로나 상황인데도 조문객의 발길이 끊이지 않았다. 고교 때부터 지금까지 지켜본 바 그는 남에게 도움을 줄지언정 절대 피해나 상처를 주어서는 안 된다는 신념으로 살았다. 매사에 정도를 걸으려 노력하면서 너무 과하지도 모자라지도 않게 분수를 지킬 줄 아는 친구였다. 시간이나 돈이나 신의에 틀림없는 사람이었고 사리분별에 지혜로운 친구였다. 사는 날 동안 아낌없이 사랑하고 충분히 사랑받으며 정갈하게 매듭짓고 떠났다.

친구는 돈으로 살 수 없는 측량 불가능한 재산이다. 그동안 피붙이같이 지냈던 친구들이 하나둘 내 곁을 떠났다. 상실의 상처가 아물 만하면 또 전해지는 소천 소식에 가슴이 철렁 내려앉곤 했다.

20대 끝 무렵, 녹음방초 시절을 지나 갈색의 계절에 친구 C가 하늘나라로 갔다. 같은 대학 교정에서 같은 동아리 회원으로서 할말 안 할말 가릴 필요없이 지줄대던 사이였다. 형제 많은 집, 고향도 서로 같은 시골뜨기라서 고민도 비슷했고 꿈도 비슷했다. 선생이 된 지 얼마 안 돼 C가 교단에서 쓰러졌다. 못다 핀 꽃봉오리가 속절없이 떨어지고 말았다. 단짝으로 지내다가 나만 멀쩡히 살아 결혼하고 애 낳고 산다는 게 친구의 부모 앞에선 죄인 같았다.

50대 중반, 중년의 안정기에 친구 L이 갔다. 우리의 만남은 길고 끈끈했다. 초중고를 내리 같은 학교에 다녔고 고3 때는 같이 자취생활하던 친구다. 친구가 아닌 언니였다. 친구가 밥해주면 나는 먹고만 다녔다. 체구가 큰 친구 옆에 서면 나는 고목에 붙은 매미 같았다. 나의 보디가드였다. 결혼 초기 그가 잠깐 타향살이하던 때를 빼고는 서로 가까운 곳에 살았다. 연락 없이도 언제든지 불쑥불쑥 드나들던 그의 집, 아마 친정집보다 더 자주 들락거렸을 것이다. L이 가고 나니 양팔이 잘린 듯 우두망찰한 채 갈피를 잡을 수가 없었다. L을 대신해 내 텅 빈 가슴을 채워줄 친구가 과연 또 생길까 자신할 수 없었다.

이제 60대 중반에 오랜 친구 N을 떠나보내려 하니 친구 C나 L과 작별하던 때와는 또 다른 감회가 밀려왔다. 이제는 내가 마치 릴레이 경기장에 나온 대기 선수가 된 느낌이 든다. 바통을 먼저 받은 친구가 이제 막 달려나갔고 나는 뒤쪽으로 한 손을 내밀고 바통 터치를 기다리고 있는 기분이랄까?

영별永別이란 단어는 내 사전에는 존재하지 않는다는 믿음으로 살고 싶다. 친구 C, L, N의 떠남은 언젠가 나의 차례가 되면 다시 만날 기약 있는 이별이다. 정확한 시간이 적혀 있지 않을 뿐, 살아있는 우리는 모두 언젠가 떠날 기차표를 손에 쥔 채 대합실에서 서성이고 있는 사람들이다.

얼마 전 기차역 대합실에서 있었던 일이다. 기차 시간이 남아 의자에 앉으려 두리번거렸다. 뒤편 좌석은 사람들이 다 차지했고 앞의 한 줄만 비어 있었다. 다가가 보니 노약자석이라고 씌어 있었다.

"에이, 노약자석밖에 없네!" 하고 냉큼 돌아섰다. 그러자 남편이 말했다.

"왜, 앉지 그래? 그게 당신 자리야. 당신, 노인 맞아!"

그랬다. 아직도 내 자신이 노인이라는 걸 실감하지 못하고 살아가듯이, 저승길의 대기자라는 것도 까마득히 잊은 채 살아가고 있다. N을 보내면서 그간 태평스레 잊고 지냈던 '대기자 의식'이 되살아났다.

마실수록 갈증나는 바닷물처럼 인간의 탐욕은 채우려 할수록 허기지는 법이다. 또한 절제 없이 그 욕망을 따라가다 보면 어느새 교만해지기 쉬운 존재가 인간이다. 이순耳順이 넘은 지금이 방향 전환할 절호의 기회다. 지금까지의 삶은 채우고 넓히거나 모으고 쌓는 일에 치중하였다면, 이제 남은 날 동안에는 나누고 비우고 섬기는 삶을 살고 싶다. 기도한 대로, 마음먹은 대로 다 이루어지진 않겠지만 나누다 보면 비워지고 비우다 보면 섬기는 자가 되기를 지향하고자 함이다. 이것을 줄여서 '나·비·섬'이라 명명하고 내 마음에 주문呪文을 걸어본다. 받는 기쁨보다 나누는 기쁨을 누릴 나이가 되었다고. 아낌없이 다 내어주고 나비처럼 가볍게 떠날 준비를 해야 할 때라고.

의학계 실험에 의하면, 진한 감동에 취해 있을 때, 엔도르핀보다 강력한 감동 호로몬인 다이도르핀didorphin이 생성된다고 한다. 이것은 우리가 남에게 도움을 주고 난 뒤 오는 뿌듯함같이 깊은 감동을 주고 받을 때 나오는 호르몬이라고 한다.

타인을 위한 봉사는 하나를 내어주고 열의 기쁨을 얻는 지름길이다. 시간과 체력이 허락되는 대로 기쁨과 슬픔도 나누고 교감하는 가운데 온정이 흐르는 관계 속에서 살고 싶다. 어둔 밤 쉬 오리니….

(2021년 10월 26일)

해설

삶과 시대를 향한 견고한 사유

— 최선욱의 수필세계

유인실 (시인, 문학평론가)

|해설|

삶과 시대를 향한 견고한 사유

— 최선욱의 수필세계

유인실
(시인, 문학평론가)

1. 삶의 본질에 닿기 위한 터치와 건넴

"제 안의 철학이 빈곤함을 느낍니다. 이 허기짐을 채우는 것이 제 글쓰기의 과제입니다." 최선욱 작가의 수필집『나·비·섬』의 '작가의 말'에 나오는 이 문장은 최선욱 수필이 얼마나 철학적 사유와 밀착되어 있는지를 보여준다. 여기에서 철학적 사유라 함은 작가의 체험을 통해 건져올린 인간 세계에 대한 통찰과 깨달음, 나아가 새로운 인식의 발견을 의미한다. 오늘날 우리는 첨단 과학 기술 시대에 살고 있다. 이러한 과학기술은 자본과 결합하여 인간에게 편리함과 풍요로움을 가져다 주기도 했지만, 물질 만능주의로 치닫게 되면서 인간의 존엄성을 파괴하고 인간 세계를 황폐화시키기에 이르렀다.

『나·비·섬』은 이러한 상황 속에서도 끊임없이 지속되어야 하는 일상적 삶을 주시하면서 그 속에서 체험적으로 터득한 작가의 지아성찰의 결과물이다. 그 안에는 단순한 사유 행위를 넘어 인간의 주체적 삶에 대한 작가의 강한 열망이 내재해 있다. 그 과정을 수행해 가는 작가의 목소리는 자기 체험에 대한 철학적 사유와 인식, 혹은 깊은 통찰에서 획득된 삶에 대한 이치나 깨달음 등의 형태로 형상화된다. 이를 통해 우리는 그의 수필이 개인적 체험의 산물이지만 동시에 삶의 보편적 주제로 이끌어내어 독자의 인식을 확장시키는 철학성을 담지하고 있다는 것을 알게 된다.

그런가 하면 첫 수필집『거꾸로 가는 시간 속에서』발간 이후 6년 만에 발간하는 두 번째 수필집『나·비·섬』은 과거의 삶의 기억들이 현재에 호명되어 미래로 나아가고자 하는 미학적 의지가 충일한 특성도 견지하고 있다. 일상 속에 은폐된 형식으로 잠재되어 있는 주체의 무의식과 오래된 기억 그리고 생활 속에서 굴절되거나 지워진 욕망들을 호명하여 의미화 하는 과정에서도 단순한 삶의 명시나 증명이 아니라 삶의 본질에 닿기 위한 하나의 터치이고, 접촉이되, 일종의 건넴을 통해 우리와 대화하고자 한다. 그렇기 때문에 지난날의 아픔을 드러낼 때에도 그 기억은 무척 명료하고 구체적이다. 결국 그는 자신의 언어와 목소리로 자신의 체험을 자신만의 문법으로 이끌어 오되 그것의 궁극적인 지향점은 바로 소통과 상생에 이르고자 한다. 그래서 최선욱의『나·비·섬』은 개인적 경험을 보편적인 삶의 원리와 생명의 원리로 포용하고 이를 다양하게 표상함으로써 암울한 현 시대를 함께 건너고자 하는 삶과 시대에 대한 문학적 상상력의 사색적 기록이라 할 수 있다.

2. 자아 성찰, 의미의 열림

최선욱 작가는 '작가의 말'에서 글(수필) 쓰기에 대해 "행복한 놀이"로 표현한다. 일찍이 요한 하위징아Johan Huizinga는 호모 루덴스Homo Ludens라 하여 인간을 '놀이하는 인간'으로 언명한 바 있다. 여기에서 '놀이'는 인간의 본질을 '놀이'라는 점에서 파악하는 인간관으로, 단순히 '논다'는 의미가 아니라, 정신적인 창조 활동을 가리킨다. 최선욱 작가에게 글쓰기는 바로 이러한 존재의 본질적인 '놀이'인 것이다. 그의 글을 읽다 보면 우리는 행복한 놀이에 빠져 있는 그를 보면서 어느새 그의 놀이에 함께 빠져들게 되는 것을 경험하게 된다. 작가의 생각과 정서가 오롯이 전달되면서 "글이 곧 사람"임을 확인하게 된다.

이번 수필집의 표제작이기도 한 「나·비·섬」은 작가와 작품의 밀착성을 보여주기에 모자람이 없다. 일반적으로 표제작은 대부분 앞부분에 배치한다. 그럼에도 이 글이 맨 끝에 실린 것은 아마도 수필집 발간 준비를 마친 후 쓰인 작품이어서 마지막에 탑승한 것으로 보인다. 게다가 표제작으로까지 삼은 것을 보면 이 글에 대한 작가의 비중을 가히 짐작할 만하다.

「나·비·섬」은 친구를 갑자기 저세상으로 떠나보내면서 그동안 견고하게 유지해 왔던 일상에서 새로운 삶으로의 방향 전환을 해야 하는 삶의 의미를 성찰한다. 갑작스러운 친구의 죽음은 이전에 친구들과의 가슴 아팠던 이별을 환기시킨다. 그런데 이번 친구의 죽음이 그때의 이별과는 사뭇 다르게 느껴지는 것은 작가의 60대 중반의 나이와도 무관하지 않아 보인다. 그렇다면 작가가 중년에 만난 절친의 죽음을 통해 보여주는 깨달음의 경지는 어떤 것인가?

> 오랜 친구 N을 떠나보내려 하니 친구 C나 L과 작별하던 때와는 또 다른 감회가 밀려왔다. 이제는 내가 마치 릴레이 경기장에 나온 대기 선수가 된 느낌이 든다. 바통을 먼저 받은 친구가 이제 막 달려나갔고 나는 뒤쪽으로 한 손을 내밀고 바통 터치를 기다리고 있는 기분이랄까? 영별永別이란 단어는 내 사전에는 존재하지 않는다는 믿음으로 살고 싶다. 친구 C, L, N의 떠남은 언젠가 나의 차례가 되면 다시 만날 기약 있는 이별이다. 정확한 시간이 적혀 있지 않을 뿐, 살아있는 우리는 모두 언젠가 떠날 기차표를 손에 쥔 채 대합실에서 서성이고 있는 사람들이다.
>
> —「나·비·섬」에서

작가는 이전의 절친의 죽음에 대해 "피붙이같이 지냈던 친구들이 하나둘 내 곁을 떠났다."(「나·비·섬」)라는 '떠남'으로 인식했다면, 이 글에서는 죽음을 '떠남'이나 '소멸'이 아닌 "나의 차례가 되면 다시 만날 기약 있는 이별"로 인식한다. "영별永別이란 단어는 내 사전에는 존재하지 않는다."라는 작가의 언술에서 보여주는 바와 같이 작가는 죽음은 끝이 아닌, 존재의 확장으로 인식하는 것이다. 그렇다면 작가에게 죽음이란 어쩌면 남아 있는 사람에게는 '삶'을 지탱하는 또 하나의 축으로 작동할 수도 있겠다. 죽음에 대한 이러한 변화된 인식은 매우 중요하다. 죽음에 대해 어떤 태도를 취하는가에 따라 삶의 태도도 달라지기 때문이다.

> 마실수록 갈증나는 바닷물처럼 인간의 탐욕은 채우려 할수록 허기지는 법이다. 또한 절제 없이 그 욕망을 따라가다 보면 어느새 교만해지기 쉬운 존재가 인간이다. 이순耳順이 넘은 지금이 방향 전환할 절호의 기회다. 지금까지의 삶은 채우고 넓히거나 모으고 쌓는 일에 치중하였다면, 이제 남은 날 동안에는 나누고 비우고 섬기는 삶을 살고 싶다. 기도한 대로 마음먹은 대로 다 이루어지진 않겠지만, 나누다 보면 비워지고 비우다 보면 섬기는 자가 되기를 지향하고자 함이다. 이것을 줄여서 나·비·섬이라 명명하고 내 마음에 주문呪文을 걸어본다. 받는 기쁨보다 나누는 기쁨을 누릴 나이가 되었다고. 아낌없이 다 내어주고 나비처럼 가볍게 떠날 준비를 해야 할 때라고.
>
> —「나·비·섬」에서

작가는 친구 N의 갑작스러운 죽음을 경험하면서 이전의 삶을 돌아보게 된다. 이전의 삶을 돌아보고 현재의 시점에서 세계와의 정합을 통한 미래를 설계하는 것은 성찰의 필수적인 요소이다. 작가는 이러한 성찰을 통해 "이순耳順이 넘은 지금이 방향 전환할 절호의 기회"라고 생각한다.

인간은 유한한 존재로서의 한계성을 지니고 있음에도 불구하고 죽음을 잊고 살아간다. 최선욱 작가 역시 "저승길의 대기자라는 것도 까마득히 잊은 채 살아가"다가 갑자기 N의 죽음을 겪으면서 "그간 태평스레 잊고 지냈던 '대기자 의식'이 되살아났다."라고 말한다. 인간이 다른 동물과 다른 또 하나의 구별점이라면 바로 인간만이 죽음에 대한 인식을 할 수 있다는 점일 것이다. 동물이나 식물은 단지 소멸할 뿐이지, 죽음성에 대한 인식은 없다. 달리 말하면 '죽음'이라는 사건이 삶에 파장을 일으키는 것도 인간이기에 가능하다.

위의 인용에서와 같이 최선욱 작가는 친구의 죽음을 통해 그간의 삶을 뒤돌아보게 된다. 이러한 죽음성에 대한 성찰은 작가로 하여금 "지금까지의 삶은 모으거나 아끼거나 쌓는 일에 치중하였다면, 이제 남은 날 동안에는 나누고 비우고 섬기는 삶을 살고 싶다."는 생각에 이르게 한다.

문학이 말하는 삶은 작가가 해석하고 구성한 결과물이다. 작가는 파편화된 일상이라는 일차 텍스트에서 삶의 의미를 발견하고 해석한다. 위의 예문에서 알 수 있는 바와 같이 작가는 일상이라는 일차적 체험을 통해 터득된 삶의 해석을 작가의 메시지로 변용시킨다. “사람의 욕망은 소금물을 켜는 것 같아서 그것을 채우려 할수록 더 허기지는 법이”고, “그 욕망을 따라가다 보면 어느새 교만해지기 쉬운 존재”라는 언술이 그 예이다. 그래서 작가는 그런 삶의 메시지를 효율적으로 전달하기 위해 친숙한 언어 문법을 깨뜨리고 단어를 독특하게 배열시킨다. ‘나누고’ ‘비우고’ ‘섬기는’ 단어로 구축된 삶을 줄여 「나·비·섬」이라는 독특한 문법을 고안해낸다. 이러한 독특한 문법적 구조는 음성학적으로도, 어휘론적으로도 지각의 자동화를 지연시키면서 주제 인식에 지각되는 시간을 연장하여 그 메시지를 각인시키는 미학성을 획득한다. 이 작품을 이번 수필집의 표제작으로 삼은 것도 「나·비·섬」을 삶의 지향점으로 삼기 위한 스스로에게 주문이기도 하거니와 궁극적으로 작가가 구현하고 싶은 삶의 메시지로 읽힌다.

성찰은 자신의 삶을 진지하게 들여다보는 데에서 출발한다. 자신의 삶을 진지하게 들여다본다는 것은 삶에 가식이나 군더더기가 없다는 의미이다. 최선욱 작가가 욕망의 높이를 낮추고 나눔의 지혜, 비움의 지혜, 섬김의 지혜로 소통하고자 하는 메시지가 강하게 느껴지는 것도 군더더기 없는 그의 생활 태도와 삶의 자세가 고스란히 녹아있기 때문이다. 진지한 성찰을 통해 삶의 의미를 확장하고 보편적인 깨달음에 이르게 하는 것은 단연 최선욱 수필이 지니는 진가다.

이와 같이 자아 성찰을 통해 의미의 열림을 지향하는 작가의 시선은 다른 작품에서도 쉽게 발견된다. 이들 작품에서도 작가는 자신의 내면을 직시하고 자신의 일상을 직시하여 삶의 의미를 찾으려고 한다. 「여편네와 주둥이」, 「또 다른 놀이, 고요를 수놓다」, 「지퍼 달린 팬티」, 「물메기탕 사랑」 등이 이에 해당한다.

> 이 싸움에 방관자였던 나는 이 남자가 우울증 환자라는 말을 듣는 순간 좀 찔리는 구석이 있었다. 당도하지도 않은 친구를 위해 미리 자리 맡아 두는 오지랖 넓은 그 여자도 문제지만, 여자 말을 유머로 넘길 일이지 화부터 내서 사건을 키웠나, 속으로 남자 쪽을 더 비난한 것이 민망스러웠다.
>
> 똑같은 사건도 어느 입장에 서서 바라보느냐에 따라 해석이 달라진다. 이 사람을 벼랑 끝에 선 남자로 보는 순간 측은지심이랄까, 모든 게 이해되고 달리 해석되었다
>
> —「여편네와 주둥이」

문학은 궁극적으로 인간의 삶에 대한 탐구이다. 특히 수필은 생활 체험에 바탕을 두고 있기 때문에 다른 문학 장르에 비해 훨씬 더 삶과 핍진해 있다고 할 수 있다. 대부분의 사람들은 관성적으로 일상에 묻혀 생활하다 보면 굳이 그 일상을 반추하며 성찰하기보다는 삶의 의미를 묻지 않은 채 무의식적으로 흘려 보내게 된다. 최선욱 작가는 그러한 끊임없이 반복되는 일상에 사유의 날을 벼린다.

위의 인용 글은 동사무소 요가반에서 일어난 일이다. 요가반에 나오는 유일한 남자의 고정 자리를 다른 한 여자가 선점하면서 '여편네와 주둥이' 싸움으로까지 번지고 급기야 "좋은 강사 퇴출"에까지 이르고서야 사건은 마무리된다. 몸에 딱 달라붙는 요가복 차림의 여자들만 가득찬 요가교실에 한 남자의 출현을 놓고 벌어진 이 싸움은 사건 이후에도 그 남자에 대한 여러 뒷담화가 나돈다. 그러는 중에 요가반을 떠난 그 남자는 교직에서 은퇴한 이후 우울증 치료를 받고 있다는 것을 듣게 된다. 작가는 여기에서 이 싸움에 방관자였던 자신을 돌아보게 된다. 삶을 성찰한다는 것은 인간적 삶의 의미와 가치를 폄하하고 훼손하는 요소들의 그 부정적 실상을 밝히는 데서 시작해야 할 것이다. 그것은 나 개인뿐만 아니라, 우리 주변에서 발생하는 모든 부당한 것들에 대해 그 실상을 정확히 파악하는 것이 전제되어야 한다. 문학이 삶을 성찰하고 삶의 부당한 요건에 대해 비판적 시각을 놓치지 않아야 하는 것도 여기에 있다고 하겠다. 또 다른 작품으로 들어가 보자.

> 내 수틀의 뒷면은 어떠한가? 수를 놓다가 뒤집어 보았다. 실의 방향이 널뛰기를 하고 결이 울퉁불퉁 초보 수준을 여실히 드러내주고 있다. 실수투성이인 내 인생의 뒷면도 이와 다르지 않으리. (중략) 사람들과의 관계 속에서 맺히고 뭉치고 얽혀있는 것들이 크고 작은 생채기와 굳은살로 박여있는 것이리라. (중략) 실패한 횟수만큼 배움은 커지는 법, 나의 오점도 남의 허물도 타산지석으로 삼을 수만 있다면 이 모두가 서투른 내 인생의 교과서가 아니겠는가.
>
> ―「또 다른 놀이, 고요를 수놓다」에서

흔히 수필은 인생의 사색이라고 한다. 그러나 그 사색이 관념에 불과한 글이라면 문학으로서 좋은 작품이 될 수 없다. 본래 글은 철학의 무거운 삶의 주제를 구체적으로 전환하는 속성을 지니고 있기 때문에 그 내용이 지나치게 관념적이거나 추상적이라면 굳이 문학이라는 그릇에 담겨야 할 이유가 없기 때문이다.

위의 인용 글은 작가가 퇴직 후 "광속으로 질주하는 시대에 어울리지 않는 느림의 미학에 빠"질 수 있는 프랑스 수예를 하면서 깨닫게 되는 성찰의 독백이다. 수예가 잘된 작품은 "뒤가 깔끔하고 매끄러운 반면에 잘못된 작품은 뒤가 엉망이"라는 수예강사의 이야기를 들으면서 작가는 인생도 이와 다를 바 없이 '아름다운 사람은 뒤가 깨끗하다.'는 화두에 사로잡히게 된다.

수필은 사유와 성찰의 문학이다. 그래서 뚜렷할 목적을 가지고 도구적 관점으로 쓰인 수필은 반문학적일 수가 있다. 그렇다고 지나치게 심각하거나 관념적으로 흐르게 되면 이 또한 수필로서의 의미를 확보하지 못하게 된다. 인간의 본질적인 문제에 접근하는 사색적, 성찰적 수필일수록 신중하되 보편적 사유와 맞닿아야 한다.

작가는 인생과 수예작품을 등치시켜 '양면자수처럼 앞뒤가 일치하는 삶이 아닌 앞만 화려하고 뒤는 엉망인 삶, 믿고 존경했던 사람의 후안무치의 삶' 등을 보면서 배신감에 허탈해졌던 기억을 떠올린다.

동서고금을 통틀어 권력을 거머쥐었던 자들의 아름답지 못했던 뒷모습을 생각하며 진정 아름다운 사람은 어떤 사람인가를 신중하게 사유한다. 작가는 그에 대해 아프리카 수단의 슈

바이처로 불리는 고 이태석 신부님과 가족조차 외면했던 소록도에서 40여 년간 한센병 환자를 한결같은 사랑으로 돌보다가 자신들이 늙고 병들자 말없이 고국, 호주로 돌아간 마리안느와 마가렛 두 수녀의 삶을 떠올린다. 인간사회에서 소외되고 그늘진 사람들을 위해 평생 봉사하고 떠난 그들의 뒷모습을 포착하는 최선욱 작가의 심오하고 인류애적인 시선을 느낄 수 있는 대목이다. 그들의 삶을 회고하며 인간 존재로서의 의미와 가치라는 무거운 주제를 '수예'라는 구체적인 '놀이'를 통해 잘 드러내고 있다. "나의 오점도 남의 허물도 타산지석으로 삼을 수만 있다면 이 모두가 서투른 내 인생의 교과서"라는 작가의 고백처럼, 삶의 가치에 대한 진정한 깨달음을 확보하는 것은 그동안 쌓여온 작가의 성찰적 힘에서 유로된 것으로 보인다. 무겁고 엄숙할 수 있는 삶의 메시지를 명료하면서도 진정성있게 표출할 줄 아는 것은 최선욱 작가의 '특기'이기도 하다.

이 외에도 평생 부모로부터 내리사랑만 받다가 "동물과는 달리 인간만이 할 수 있다는 치사랑"을 살아생전에 실천하지 못하는 어리석음을 한탄하는 「지퍼 달린 팬티」, 아버지의 내면의 아픔을 이해하지 못하고 뒷걸음질만 쳤던 회한을 고백한 「물메기탕 사랑」 등도 자아 성찰을 통한 삶의 의미를 확장하는 작품들이다.

3. 주제의 문학, 품격의 수필

수필은 개인의 일상, 체험, 기억 등을 글의 질료로 삼기 때문에 그 의미의 내포 또한 주관적일 수밖에 없다. 그러나 수필은 단지 개인적 삶의 기록물이 아닌 문학이기 때문에, 개별적이고 구체적인 경험을 질료로 삼되 보편적인 삶의 원리나 의미를 구축해야 한다. 그러기 위해서는 일상에서 경험하게 되는 글의 소재에 대한 참신하고 다양한 탐색이 필요하다. 소재에 대한 참신성과 다양성은 주제를 구현하는 중요한 요소이기 때문이다.

수필은 주제의 문학이라고 할 정도로 주제가 차지하는 비중이 크다. 수필에서 주제가 변변치 않으면 결코 좋은 글이 될 수 없다. 그렇다면 주제가 잘 제시된 수필이란 어떤 수필을 의미하는가? 무엇보다도 독자와 공감대를 형성할 수 있는 삶의 보편적 원리에 접목될 수 있어야 한다. 개인의 삶의 이야기가 보편적 원리가 아닌 개별적 이야기에 머물게 될 때 그 글은 한 편의 작품이 아닌 개인의 신변잡기가 되기 때문이다.

독한 마늘이 보드랍고 달큰한 흑마늘이 되는 데는 특별한 요령과 솜씨가 필요치 않다. 단지 필요한 것은 온기뿐이다. 입안을 얼얼하게 하는 생마늘이 부드러운 흑마늘로 변신하기까지 보온의 시간이 필요했듯이 동생에게도 그를 둘러싼 사람들의 온기가 필요하다. 인내와 배려와 관용의 온기가 모아져 그의 가슴에 전달되어야만 돌처럼 단단해진 응어리가 흑마늘처럼 말랑해질 것이다. 그 온기로 깊은 상처가 아물고 새살이 돋는 날, 타인을 향한 동생의 눈빛도 순해지고 자존감이 회복되리라. 따스한 사랑만이 치료약이다.

―「흑마늘처럼」에서

위의 인용 글은 맵고 아린 생마늘이 어떻게 흑마늘이 되어서 주변을 이롭게 하는가를 보여준다. 작가는 흑마늘이 되어가는 과정을 사실적으로 묘사하면서 흑마을 이야기에 한정시키지 않고 삶의 보편적으로 적용될 수 있는 의미를 확보한다. 삶의 개별성과 보편성이 잘 접목되어 있다고 볼 수 있다.

마늘의 맵고 독한 기운도 "온기" 하나로 사라지고, 숙성되어 향기까지 더해져 사람들의 건강에 이롭게 한다는 사실을 포착하여 그 의미의 무게를 부여하는 것이다. 개인적 경험에서 출발하되, 마음이 여리고 상처가 많은 동생의 삶을 제시하여 '나'를 넘어 타자(동생)로 시선을 돌림으로써 주제의 보편성을 획득한다.

주제의식이 강한 수필 중에는 개인의 내적 고백보다는 타자, 혹은 사회에 초점이 맞추어지는 경우가 많다. 이 글에서 작가는 분노의 삶을 살아오는 동생이 흑마늘처럼 긴 어둠의 시간을 견뎌내고 자신과 타인에 대한 미움과 분노, 원망 등이 사그라들기를 바란다. 이때 작가의 진술에 자의식이 과도하게 개입되는 선동성이 없다. 수필이 주제의 메시지를 강하게 드러내려다 보면 자칫 작가의 목소리가 커질 수 있는데 이 글의 흐름은 오히려 차분하면서도 따듯하다는 느낌이 든다.

또한 독한 마늘이 온기를 받아 환골탈태한 것처럼 동생에게도 주변의 온기가 모아져 그 온기로 상처도 아물고 새살도 돋아 자존감이 회복되리라는 절절한 삶의 긍정성이 눈물겹기까지 하다. 이것은 일차적으로 작가의 타자(동생)에 대한 배려와 따뜻한 포용에서 오는 감동에서 비롯되는 것이지만 한편으로는 어떤 이유로든 상처나고 조각난 타인의 삶을 배려하고 이해하고자 하는 연민이 미학적인 경지에까지 이르게 한 것이다. 인간에 대한 자존감을 내면화하면서 타자의 삶을 배려하고 이해하는 진정한 인간관계란 오직 사랑과 공감을 통해서 가능하다는 삶의 메시지가 극대화 되는 글이라 할 수 있다.

봄향기 머금은 잎새와 줄기가 이민 2세, 3세들이라면 이민 1세대는 미나리의 뿌리다. 오물투성이 속에 박힌 미나리 뿌리는 물이 꽝꽝 어는 겨울철에도 죽지 않고 숨죽이고 있다가 봄이면 새잎을 무성하게 밀어 올린다. 여리디 여린 것 같지만 실은 여러해살이풀이다. 미나리가 외유내강인 것은 이 뿌리의 힘 때문이다. 미나리라는 식물은 이렇게 생명력이 강해 어디에서든 잘 자라기에 영화 속 대사를 인용하자면 '원더풀'이다. 글로벌 시대에 세계 시민들이 서로 다양성을 존중해주고 포용하며 산다면 원더풀 미나리처럼 진정 원더풀한 세상이 만들어지려나?

—「원더풀 미나리」

인간의 과거 경험은 지각에 의하여 기억으로 남아 삶의 한 부분으로 존재한다. 최선욱 작가의「원더풀 미나리」는「미나리」'영화를 보기 전'과 '영화를 본 후'를 기준으로 하여 '미나리'에 대한 인식이 어떻게 변화되어 가는지를 보여준다. 일찍이 라이프니츠는 우리가 보고 경험하는 현상을 '모나드Monad'로 설명한 바 있다. 모나드는 물질을 더이상 분리할 수 없는 마지막 최소 단위의 '단자單子'로, 눈에는 보이지 않아도 존재하는 어떤 것을 의미한다.

최선욱 작가가 과거에 경험했던 미나리는 '온갖 오물들이 모이는 미나리꽝에서 절로 뿌리를 내려 누구나 미나리를 베어가도 며칠 후면 또 돋아나는 풀'이었다. 그래서 빈곤했던 유년 시절에도 미나리만큼은 누가 베어가도 아까워하지 않는 '단순 실체'였다. 그런데 「미나리」 영화를 본 이후의 미나리는 수많은 모나드의 합성으로 인한 복합실체로 변화하는 새로운 현상으로 바뀌어 있다. 이것은 과거 경험의 의미가 당시에는 단순하게 한정된 것이었으나 일정 기간이 지남에 따라 복합적으로 얽히면서 한정된 의미가 아닌 새로운 의미로 다양하게 확장된 것을 말해 준다.

작가는 이제 "「미나리」가 세계 곳곳에 흩어져 사는 수백만의 한국 교포뿐만 아니라 타국에서 눈물 젖은 빵을 먹어본 세계 모든 이민자들에게 위로와 힘이 되었으면" 한다. 그뿐만 아니라 '인종 차별과 혐오가 심각해져 가는 이때, 이민자를 바라보는 시각이 좀더 긍정적으로 변화하는 데 일조'하기를, 그리고 "해외에 나가 사는 한국 교포나 우리나라에 뿌리내린 이주민이나" 모두 "지구촌 시민"이므로 "시민의식, 인권의식, 평등의식이 지금보다 훨씬 더 고양"시킬 수 있기를 바라는 중요한 상징으로 치환시킨다.

즉 작가가 과거에 경험했던 미나리의 기억은 단순한 '풀'이라는 기억을 넘어서 '우리는 지구촌 가족'이라는 인류애적 공동체 의식으로 변화한다. 이러한 의식의 변화는 '미나리'라는 단순 실체가 현재나 미래까지 영향을 미치는 무한한 의미로 확장되는 의미소로 작동하여 창조적인 방향으로 나아가게 된다.

최선욱은 글의 주제를 전략적으로 배치할 줄 아는 작가다. 오물투성이 속에 뿌리내린 미나리는 최선욱 작가에 의해 "생명력이 강해 어디에서든 잘 자라"는 "원더풀 미나리"가 된다. 적절한 주제를 선정하고 그 주제가 잘 구현될 수 있도록 형상화하는 것이 수필 창작의 핵심 요소라 할 때 「원더풀 미나리」는 그에 충분히 값하는 품격있는 글이라 할 수 있다.

이밖에도 「어느 훼손된 비석」, 「내 친구 꽃순이」, 「가시내도 공주님도 아닌, 그냥 사람」, 「천사의 가면」 등도 주제를 드러내는 관점에서 눈여겨볼 만하다.

4. 덧붙이며

최선욱 작가의 두 번째 수필집을 읽으면서 문득 아델베르트

폰 샤미소의『그림자를 판 사나이』라는 책이 떠올랐다. 이 책은 비록 19세기에 쓰인 책이지만 그림자를 판다는 발칙한 소재에서 시작해 물질만능주의와 자본주의 사회에 대한 현실 비판이 담긴 텍스트라는 점에서 시간을 초월해 지금도 여전히 읽히고 읽어야 하는 책이기도 한데, 아마 이 책이 던지는 주제 때문이었으리라. 흔히 이 책은 돈만 중시하는 사회를 비판한 것처럼 보이지만 정작 이 이야기에서 간과해서는 안 되는 것은 '돈도 중시하지만 그림자를 더 중시하는' 사회에 대한 일침으로 읽힌다.

최선욱 작가의 두 번째 수필집『나·비·섬』은 자아에 대한 성찰, 인간에 대한 이해, 인간 사회를 둘러싼 세계에 대한 엄격한 성찰을 통해 견고한 사유를 구축해낸 결과물이다. 고도의 물질문명 시대에서도 끝내 인간이 견지해야 하는 인간의 근원이 무엇인지, 그리고 무엇을 간과해서는 안 되는지를 환기시킨다. 그 안에는 자아와 시대에 대한 화해를 통해 공생하고자 하는 의지가 있고, 일상적 삶과 문학적 삶의 이격을 좁혀가면서 인간적 삶의 품격을 공유하고자 하느 따스한 인간애가 있다. 최선욱 작가의 삶과 시대를 향한 견고한 사유가 우리 시대에 아름다운 풍경이 되기를 바란다.

최선욱 수필집

나·비·검

인쇄 2021년 12월 20일
발행 2021년 12월 25일

지은이 최선욱
발행인 서정환
펴낸곳 수필과비평사
주소 서울시 종로구 삼일대로 32길 36(익선동 30-6 운현신화타워 빌딩) 305호
전화 (02) 3675-3885, (063) 275-4000 · 0484
팩스 (063) 274-3131
이메일 sina321@hanmail.net essay321@hanmail.net
출판등록 제300-2013-133호
인쇄 · 제본 신아출판사

ISBN 979-11-5933-385-9 03810

값 13,500원

※ 이 책은 전북문화관광재단 지역문화예술육성지원사업의 지원을 일부 받았습니다.